KB060778

Aspekte des neuen Rechtsradikalismus

신극우주의의 양상

**Aspekte des neuen
Rechtsradikalismus**

테오도어 **W.** 아도르노 이경진 옮김 문학과지성사

옮긴이 이경진

서울대학교 독어독문학과를 졸업하고 같은 과 대학원에서 W. G. 제발트의
멜랑콜리적 역사철학에 관한 논문으로 석사학위를 받았으며, 독일 본 대학에서
독일 낭만주의와 번역 윤리에 관한 논문으로 박사학위를 받았다. 현재 서울대학교
독어독문학과 교수로 재직 중이다. 옮긴 책으로『공중전과 문학』『도래하는
공동체』『캄포 산토』등이 있다.

채석장
신극우주의의 양상

제1판 제1쇄 2020년 7월 15일
제1판 제2쇄 2024년 6월 24일

지은이 테오도어 W. 아도르노
옮긴이 이경진
펴낸이 이광호
주간 이근혜
편집 김현주 최대연
펴낸곳 ㈜**문학과지성사**
등록번호 제1993-000098호
주소 04034 서울 마포구 잔다리로7길 18 (서교동 377-20)
전화 02)338-7224
팩스 02)323-4180 (편집) 02)338-7221 (영업)
전자우편 moonji@moonji.com
홈페이지 www.moonji.com
ISBN 978-89-320-3633-5 03330

이 도서의 국립중앙도서관 출판예정도서목록(CIP)은 서지정보유통지원시스템 홈페이지
(http://seoji.nl.go.kr)와 국가자료공동목록시스템(http://www.nl.go.kr/kolisnet)에서
이용하실 수 있습니다. (CIP제어번호: CIP2020027764)

차례

편집자 노트

'신극우주의의 양상'에 대한 강연은 1967년 4월 6일 아도르노가 오스트리아 사회주의학생연합의 초청을 받아 빈 대학의 신新 연구관에서 행한 것이다. 아도르노는 수기로 작성한 일곱 쪽가량의 메모들과 키워드들에 기대어 강연했고, 이 원고는 그의 유고에 남아 보관되어 있었다. 본 단행본은 오스트리아 매체 자료실에서 취입한 녹음본을 출판 저본으로 삼았다. 이 텍스트는 테오도어 W. 아도르노 아카이브에서 편집하는 아도르노의 '유고집Nachgelassenen Schriften' 시리즈 중, 미하엘 슈바르츠Michael Schwarz가 책임 편집을 맡아 주어캄프 출판사에서 발간될 아도르노의 『강연 1949~68 Vorträge 1949~1968』에 수록될 예정인데, 여기에서 미리 소개한다.

신극우주의의 양상

테오도어 W. 아도르노

존경하는 청중 여러분, 저는 여러분께 완전하다고 할 만한 극우주의* 이론을 제시하는 대신, 여러분 가운데 누군가는 그다지 분명하게 의식하지 못할 수도 있는 몇 가지 지점들을 느슨한 논평 형식으로 부각시켜보고자 합니다. 그러니까 이 작업을 통해 다른 이론적 해석들이 틀렸다고 부정하려는 의도는 전혀 없습니다. 다만 이런 것들에 대해서 사람들이 일반적으로 알고 생각하는 바를 조금 보완하고자 할 뿐입니다.

저는 1959년에 '과거청산이란 무엇을 의미하는가Was bedeutet: Aufarbeitung der Vergangenheit'라는 강연을 한 적이 있습니다. 그 강연에서 저는 다음과 같은 사실, 즉 파시즘의 사회적 전제조건들이 이전과 마찬가지로 유지되고 있다는 사실에서 극우주의, 혹은 당시까지는 가시적으로 드러나지 않았던 극우주의의 잠재성이 설명될 수 있다는 주장을 전개했습니다. 청중 여러분, 그러니까 저는 파시즘 운동이 와해되었

---

* (옮긴이) 이 강연에서 아도르노는 극우주의가 무엇인지 정의하지 않기 때문에 극우주의에 대한 대략적인 설명을 덧붙인다. 독일에서 극우주의는 주로 나치즘의 이데올로기를 추종하는 운동으로 이해된다. 이를테면 나치즘이 표방한 반유대주의와 인종주의, 극단적인 민족주의와 외국인 혐오, 배타적 애국주의를 주장하는 운동들은 극우로 분류된다. 또한 이 강연에서 극우주의는 파시즘과 사실상 동의어로 쓰인다. 파시즘은 나치즘과 완전히 동일한 것은 아니지만 매우 밀접하게 연관되어 있는 운동으로서, 주로 독재자를 추종하고 위계와 권위에 대한 복종을 찬미하는 반자유주의적이고 반의회적인 이데올로기를 의미하며, 경우에 따라서는 반자본주의나 반공산주의적 성격도 띤다.

음에도 불구하고 그것을 위한 전제조건이 직접적인 의미에서 정치적으로까지는 아니더라도 사회적으로는 예전과 마찬가지로 계속 유지되고 있다는 사실에서 논의를 시작하고 싶습니다. 이런 사실을 지적할 때 저는 우선 예나 지금이나 지배적인, 자본의 집적* 경향을 떠올립니다. 우리는 온갖 통계술을 동원하여 그와 같은 사실을 이 세계에서 감추려 들지만, 이것은 엄연한 현실입니다. 자본의 집적 경향은, 자신이 전적으로 부르주아라는 계급적 자의식을 지니고 있고 또 자신의 계급적 특권과 사회적 지위를 유지함과 동시에 가급적 강화하려 하는 여러 계층들이 영구적으로 하락할 가능성을 의미합니다. 이 계층 집단들은 예전과 마찬가지로 사회주의, 혹은 자신들이 사회주의라 부르는 대상을 증오하는 경향이 있는데요, 이는 그들이 자신들에게 늘 잠재해 있는 계급 하락의 책임을 그 원인이 되는 장치에 묻는 대신, 자신들이 한때 지위를 누렸던 체제를—전통적인 관념에 따르자면—비판적으로 적대해왔던 사람들에게 책임을 전가한다는 것을 의미합니다. 이 사람들이 오늘날에도 여전히 그렇게 체제 적대적인지, 또 그들의 실천이 오늘날에도 여전히 그러한지는 또 다른 문제겠지만 말입니다.

---

*　　(옮긴이) 자본주의 체제에서 자본 축적이 심화되면서 부의 생산 수단 및 조건들이 특정한 개별 자본 아래로 집적되는 현상을 말한다.

테오도어 W. 아도르노

자, 이제 이 계층 집단들이 사회주의로 넘어가는 것은, 아니 좀더 소박하게 말해서 사회주의적 조직에라도 들어가는 것은 오래전부터 아주 어려워졌고, 오늘날 적어도 독일에서는—제 경험은 당연히 일차적으로는 독일과 관련됩니다만—이전보다 훨씬 더 어렵게 되었습니다. 그 이유는 무엇보다도 SPD, 즉 독일사회민주당이 모종의 케인스주의, 즉 케인스주의적 자유주의에 공감하기 때문이지요. 그런 케인스주의는 한편으로는 고전적인 마르크스주의 이론에 담겨 있는 사회구조 변혁의 가능성을 차단하지만, 다른 한편으로는 빈곤의 위협을 강화시켜서, 방금 말한 계층에는 어떤 식으로든 실질적인 악영향을 미치게 되니까요. 조용히 찾아왔지만 매우 심상치 않았던 인플레이션*이 케인스주의적 팽창의 결과였다는 단순한 사실을 떠올려보십시오. 또 아까 말씀드린 8년 전의 강연에서 제가 발전시켰던, 그 사이에 현실이 되기 시작한 또 다른 주장을 상기시켜드리겠습니다. 그것은 완전고용이 이루어지고 경제적 번영의 징조가 확실하다고 해도 기술 발달이 낳은 실업이라는 유령은 이전과 마찬가지로 횡행하게 될 것이며, 심지어는 중부 유럽이 아직까지는 뒤처져 있지만 곧 따라잡게 될 자동화 시대에는 생산 과정의 전문가

---

*   (옮긴이) 전후 서독 경제는 지속적으로 성장하다가 1960년대 중반 세계적으로 인플레이션이 불어닥치면서 1966~67년에 일시적으로 경기 후퇴를 경험하게 된다.

들조차도 스스로를 잠재적인 잉여로—매우 극단적인 표현입니다만—, 즉 잠재적인 실업자로 느낄 수밖에 없으리라는 주장입니다. 여기에는 물론 동구권에 대한 두려움도 작용합니다. 그러니까 그곳의 더 낮은 생활수준, 또 그곳 사람들, 대중들이 실질적으로 직면해 있는 부자유한 상황을 보면서 느끼는 두려움입니다. 또 최근까지만 해도 그곳이 대외정치적으로 위협이 된다고 느끼기도 했지요.

이제 〔냉전 체제하에서 미국과 소련이라는〕 거대한 세력 블록으로 쪼개진 시대에 민족주의 문제와 관련해서 대두되는 특유의 상황을 상기할 차례입니다. 이러한 세력 블록 내에서 민족주의는 문제의 저 거대 블록의 집단적인 이해관계를 대변하는 기관 노릇을 하면서 생명을 부지하고 있습니다. 〔자신들의 민족이〕 이 세력 블록에 흡수될 것이고 그 과정에서 경제생활에 상당한 손상을 입으리라는 두려움이 사회심리학적으로, 또 실제적으로 널리 퍼져 있다는 것은 의심의 여지가 없는 사실입니다. 극우주의가 농민들에게 확산될 가능성으로 말할 것 같으면, EWG〔유럽경제공동체〕에 대한 두려움, 또 EWG가 농업 시장에 끼칠 후폭풍에 대한 두려움은 분명 어마어마하게 큰 상태입니다.

동시에 저는 신新민족주의 혹은 신극우주의가 지닌 적대적인 성격을 언급하려 하는데요, 오늘날 세계가 이렇게 소수의 거대한 블록으로 쪼개져 개별 국가 및 민족이 그 안에서

테오도어 W. 아도르노

오로지 부차적인 역할만을 수행하는 상황을 고려해볼 때, 민족주의에는 어딘가 허구적인 데가 있습니다. 사실 이제는 아무도 민족주의를 진심으로 믿지는 않죠. 개별 민족들은 거대한 세력 블록에 통합됨으로써 행동의 자유를 엄청나게 제한받고 있으니까요. 하지만 민족주의가 이렇게 낡은 것으로 전락하고 말았다고 해서, 더 이상 결정적인 역할을 수행하지 못한다는 초보적인 결론을 이끌어내서는 안 됩니다. 오히려 그와는 정반대로, 신념이나 이데올로기라고 하는 것은 자주 그렇듯이 객관적인 상황에 의해서 더 이상 그 실체를 유지하지 못할 때 비로소 자신의 악마적인 성격을, 자신의 진정으로 파괴적인 성격을 띠게 마련이지요. 마녀재판이 실제로 벌어졌던 때는 토마스주의*가 절정에 달했을 때가 아니라, 반종교개혁의 시대에 와서였습니다. 오늘날의 '정동적pathisch' 민족주의—이렇게 명명해도 된다면—도 이와 유사한 구조를 갖습니다. 이렇게 속여서 파는 성격, 스스로도 자신의 주장을 완전히 믿지 않는 성격은 히틀러 때의 민족주의에도 이미 들어 있었습니다. 그러니까 광신적인 민족주의와 그에 대한 의혹—하지만 바로 이런 의혹이 들기 때문에, 자기 자신과 다른 이들을 설득하려면 그런 의심이 없는 척 연기하면서 숨길 수밖에 없는 거죠—사이에서의 동요, 그리고 양자의 모순된

---

    *   (옮긴이) 토마스 아퀴나스의 사상을 토대로 그의 추종자들이 발전시킨 신학 및 철학 교리 체계.

공존은 당시에도 이미 관찰할 수 있었던 겁니다.

이제 이런 아주 단순한 테제들로부터 몇 가지 결론을 잠정적으로 끌어내보고자 합니다. 이 문제가 근본적으로 사회 전체의 발전이 가져올 결과들에 대한 두려움과 관련된 것이라는 점이 제가 여러분께 말한 바 안에서 설명되었으리라 생각합니다. 또한 여론조사 기관들에 의해 수차례 관찰되었고, 우리[사회연구소]*가 수행했던 작업을 통해서도 확인되었듯이, 구 파시즘과 신 파시즘의 추종자들이 국민 전체에 퍼져 있다는 점도 알 수 있습니다. 이러니저러니 해도, [극우주의가] 결국에는 특수한 소시민 계급의 운동일 것이라는 널리 확산된 가정은, 최근에 프랑스의 푸자드 운동**에서 목도한

* (옮긴이) 아도르노가 호르크하이머와 함께 이끌었던 사회연구소Institut für Sozialforschung는 프랑크푸르트 학파가 주창한 비판이론의 중심적인 연구기관이다. 1923년에 창립된 사회연구소는 그 핵심 연구원들이 유대계 독일인이었기 때문에 나치의 박해를 피해 미국 캘리포니아로 그 소재지를 옮겼다가 1951년에 다시 프랑크푸르트로 돌아왔다. 사회연구소는 마르크스주의와 정신분석의 관점에서 자본주의와 파시즘을 비판하는 독창적인 사회철학의 산실 역할을 했고, 벤야민, 크라카우어, 마르쿠제, 뢰벤탈 등 20세기 초중반에 활동한 독일의 중요한 지식인들을 지원하고 서로 연결하는 중심지 기능을 했다.
** (옮긴이) 1950년대에 프랑스에서 소상공인들에게 부과되던 과중한 세금에 불만을 품고 납세거부 운동을 주도했던 피에르 푸자드Pierre Poujade의 이름을 딴 소시민 포퓰리즘 운동. 푸자드가 1955년에 창설한 UDCA(소상공인과 수공업자 보호 조합)는 그 이듬해 선거에서 돌풍을 일으켰으나, 극우주의적 행보와

테오도어 W. 아도르노

것처럼, 이러한 운동들의 이른바 사회적 성격이라고 부를 수 있을 측면에 대해서는 들어맞지만, 실제로 그 계층적 분포 양상을 고려해보면 사실이 아님을 알 수 있습니다. 물론 그중에서 〔극우주의에〕 가장 영향 받기 쉬운 집단이 특정한 소시민 계급 집단이기는 합니다. 무엇보다도 백화점 등 유사 상업 시설이 소매업을 독점함에 따라 직접적인 위협을 받고 있는 소상공인들이 특히 그렇지요. 하지만 소시민 외에도, 아시다시피 언제나 위기 상태에 있다고 할 수 있는 농부들도 분명 두드러진 역할을 합니다. 제 생각에는 농업 문제를 근본적인 방식으로, 그러니까 보조금 지급 등 그 자체로 문제가 되는 인위적인 방식이 아닌 제대로 된 방식으로 해결하는 데 성공하지 못한다면, 즉 이성적이고 합당하게 농업을 집산화하는 데 정말로 성공하지 못한다면 이 불길의 진원지는 꺼지지 않은 채 남아 있을 것입니다.

뿐만 아니라 이런 운동 전반에서 지방 대 도시의 대립이라고 할 법한 것이 갈수록 첨예해지고 있는데요, 특정한 개별 집단들, 이를테면 독일 팔츠 지방의 영세한 포도농가들이 특

근거 없는 음모론을 제어하지 못하여 2년 만에 국민들에게 다시 외면받았다. 국민전선을 창당한 장-마리 르펜이 바로 이 UDCA 출신으로, 그는 1956년에 최연소 국회의원으로 당선되어 정계에 진출했고, 온건파를 대표하는 푸자드와 노선 갈등을 벌이다가 제명당했다. 국민전선은 푸자드 운동의 이데올로기를 상당 부분 계승하고 있는 것으로 평가된다.

히 이런 운동에 쉽게 영향을 받는 듯합니다. 산업계에서 이런 운동을 지원backing하고 있다는 구체적인 증거는 우리가 알기로는 아직까지 없습니다. 이런 상황을 지나치게 도식적으로 생각하지 않도록, 이를테면 산업계가 파시즘을 조장한다는 식의 도식을 가지고 생각하지 않도록 매우 조심해야 합니다. 도식을 그렇게 너무 경솔하게 다뤄서는 안 됩니다. 우리는 파시즘의 장치가 언제나 중추적인 경제적 이해관계와 별도로 존재하려는 경향이 있으며 거대 산업의 관점에서도 파시즘이 결코 유쾌한 것이 못 된다는 것, 또 〔과거〕 독일이 파시즘으로 나아간 것은 아주 거대한 경제 위기가 찾아왔던 순간에, 즉 재무제표상 완전히 파산했던 루르 지역 산업에 실질적으로 다른 가능성은 없어 보였던 그 순간에 파시즘이 최후의 수단Ultima Ratio으로 보였기 때문이었다는 사실을 기억해야 합니다.

물론 옛 나치 간부들이 활동하고 있긴 합니다. 하지만 여기서 제가 말하고 싶은 것은, 그리고 그것은 경험적인 사회연구의 관찰에서 이끌어낸 단순한 결론에 따른 것인데요, 우리는 이들을 이른바 교화될 수 없는 자들, 어깨를 으쓱하면서 어쩔 수 없다고 여기는 그런 자들이라고 생각해서는 안 된다는 겁니다. 당연하게도 〔파시즘에〕 매혹되는 소년들이 있습니다. 특히 어떤 유형인가 하면, 이를테면 1945년쯤에 열다섯 살이었고 붕괴를 경험했던 사람들, 그리고 그때 '독일은 다시

정상에 올라서야 한다'는 감정을 대단히 강렬하게 느꼈던 사람들입니다.

맹세컨대 저는 이런 것들을 일차적으로는 심리학적 문제로 간주하지는 않지만, 여기서는 다음과 같은 사회심리학적 주장을 해보려고 합니다. 1945년 당시 〔독일에서는〕 이탈리아에서와 달리 진정한 정신적 공황이 닥치지도 않았고, 체제 및 규율과의 동일시가 진짜로 해체되지 못한 채로 최근까지 죽 이어져왔다고요. 체제와 스스로를 동일시하는 심리가 독일에서 정말로 근본적으로 파괴된 적은 단 한 번도 없었습니다. 바로 여기에 당연히 방금 말한 집단들이 〔파시즘에〕 접속할 수 있는 한 가지 가능성이 들어 있는 것입니다.

우리는 이렇게 '영영 교화될 수 없는' 부류가 있다는 식으로, 표현은 다를지라도 유사한 자기 위안의 문구들을 꺼내들면서, 모든 민주주의에는 아무리 애써도 제거하기 어려운 교화될 수 없는 자들이나 멍청이들, 혹은 미국에서 부르듯 이른바 광신적 과격파lunatic fringe가 있다는 주장을 매우 자주 듣곤 합니다. 그런 주장에는 모종의 체념 어린, 부르주아적인 자기 위안이 들어 있습니다. 우리가 그렇게 자기 암시를 해본다면 말이죠. 제 생각에 그런 주장에는 오로지 이렇게만 대응할 수 있습니다. 물론 세계의 모든 자칭 민주주의 체제에는 정도의 차이는 있겠으나 그런 부류가 얼마든지 관찰될 수 있다, 하지만 그런 부류가 관찰된다는 사실은 민주주의가 그 사회적이고 경제적인 내용에 비추어 볼 때 오늘날까지 어떤 곳에서도 정말로 완전히 구체적으로 실현되지 못하고 형식적으로만 존재함을 보여주는 증거일 뿐이라고요. 이런 의미에서 우리는 파시즘 운동을 스스로의 개념에 오늘날까지도 여전히 제대로 부합하지 못하고 있는 민주주의의 상처이자 흉터라고 부를 수 있겠습니다.

지금 우리가 극우주의에 대한 상투적인 생각들을 바로잡는 작업을 하는 것이라면, 다음과 같은 점도 말씀드리고 싶습니다. 파시즘 운동이 경제와 맺는 관계는 구조화되어 있으며, 이 관계는 바로 저 자본의 집적 경향 속에, 또 빈곤을 양산하는 경향 속에 숨어 있다는 것입니다. 그 관계를 너무 단기적인 것으로 생각해서는 안 됩니다. 극우주의를 단순히 경기의 움직임과 등치시켜버리면, 아주 그릇된 판단으로 나아갈 수 있습니다. 독일에서 독일민족민주당NPD*이 거둔 성공은

* (옮긴이) 독일민족민주당Nationaldemokratische Partei Deutschlands은 제2차 세계대전 이후 서독에 신나치의 부활을 새롭게 알린 당이다. 전후 독일에서는 구 나치 세력이 모인 극우 정당으로서 독일제국당DRP이 창설되었다가 일 년 만에 분당 사태를 겪었다. 급진파는 파시즘을 표방하는 사회주의제국당SRP을 창당했으나 1953년 연방헌법재판소의 위헌 판결을 받았다. 그 후 독일에서 신나치 운동은 비교적 잠잠했었는데, 독일제국당 출신인 아돌프 폰 타덴Adolf von Thadden이 1964년에 자신의 모당을 해산하고, 새롭게 NPD를 창당했다. NPD는 서독에 전후 최초로 일시적인 불황이 찾아왔던 1966년, 주의회 선거에서 국회의원을 배출하면서 무섭게 성장하는

테오도어 W. 아도르노

경기 후퇴 이전에도 이미 어느 정도는 우려할 만한 수준이었고, 이 경기 후퇴를 거의 예견한 셈이었으며, 이렇게 말해도 된다면 이 경기 후퇴를 헐값에 이용했다고 할 수도 있습니다. NPD의 성공은 나중에 가서야 대단히 절박해진 어떤 불안과 공포를 선취한 것이었다고 할 수 있습니다.

저는 공포의 예견이란 말이 지금 극우주의에 관한 통상적인 견해에서는 거의 고려되지 않는 듯 보이지만 실제로는 대단히 핵심적인 무언가를 건드린다고 생각합니다. 그것은 바로 사회적 파국의 감정과 맺는 대단히 복합적이고 까다로운 관계로서, 극우주의에서 지배적으로 나타나는 것입니다. 우리는 이것을 두고 몹시 기형적이고 그릇된 의식 속에서 일어나는 마르크스의 붕괴이론의 왜곡이라 할 수도 있을 겁니다. 한편에서는 이성적인 차원에서 이런 물음이 제기됩니다. "거대한 위기가 발생하면, 어떻게 될 것인가?" 이런 물음이 제기되면 파시즘 운동은 뒤로 물러납니다. 하지만 다른 차원에서 파시즘 운동은 제가 사회심리학적으로 대단히 중요하고 특징적인 징후로 간주하는 오늘날의 저 변형된 점성술의 일종과 공통점을 보입니다. 그것은 바로 이 운동이 어떤 면에서는 파국을 원한다는 것, 세계 몰락의 판타지를 먹고 산다는 것입니다. 이런 측면은 여러 문서 자료를 통해 드러난 것처

듯 보였으나, 다시 경기가 회복되고 정당 지도부 간의 갈등이 심화되자 금세 그 기세가 꺾이고 말았다.

럼, 이전 NSDAP〔국가사회주의 독일노동자당, 일명 나치당〕지도부에게도 전혀 낯설지 않은 것이었습니다.

　정신분석적 설명을 따른다면, 이런 운동들에 동원되는 힘 중에는 재앙과 파국을 바라는 무의식적 소망에 이끌리는 힘이 상당한 비중을 차지한다고 말해야 했을 겁니다. 하지만 여기에 더해서 저는—청중 여러분들 가운데 사회적·정치적 현상을 단순히 심리학적으로 해석해버리는 일에 타당하게도 회의를 품으신 분들을 향해서 드리는 말씀입니다만—이런 행동이 결코 심리적 동기에서만 나오지 않고 자신의 객관적인 토대를 지닌다고 말하고 싶습니다. 자기 눈앞을 직시하지 않는 사람, 그리고 사회적 토대의 변화를 원하지 않는 사람에게는 리하르트 바그너의 보탄처럼 "보탄이 뭘 원하는지 아니? 종말이다"라고 말하는 것 외에는 아무런 가능성도 남아 있지 않습니다. 그런 사람은 자신의 사회적 상황으로부터 벗어나 몰락하기를 원합니다. 그것도 자신이 속한 집단만이 아니라 가능하다면 모두가 몰락하기를 바랍니다.

　NPD의 부상이 보여주는 특수한 독일적 측면에 대해서 부언하자면, 여기서는 조직Organisation이라는 개념이 대단히 본질적인 기능을 합니다. 민족민주당은 자기 이름을 다른 정당들의 이름과 얼추 비슷하게 맞춰서 지었다는 그 사실만으로도, 이전의 극우주의 선배들, 즉 사회주의제국당 등등이 지녔던 분파적인 분위기를 풍기지 않으면서도, 조직적인 대중

테오도어 W. 아도르노

호소와 같은 활동을 처음으로 벌일 수 있게 되었습니다. 이런 점은 아마도 특수하게 독일적인 특성이어서 오스트리아에 곧바로 적용할 수는 없는데요, 독일에서는 일사불란하고 중앙집권적인 것이 잘 먹힙니다. 반면에 조금이라도 분파를 떠올리게 하거나, 처음부터 배후에 대단한 무언가가 있는 것처럼 등장하지 않으면 독일에서는 수상쩍게 여겨지고 대중적인 호소력을 발휘할 수가 없습니다. 독자 행보를 하는 누군가가 있어서는 안 된다는 것이 독일 이데올로기의 기본 요소인 것입니다. 힌덴부르크*가 괜히 "단결하라, 단결, 단결!"**이라는 말을 입에 달고 다녔다고 전해지는 것이 아닙니다. '정당

*   (옮긴이) 파울 폰 힌덴부르크Paul von Hindenburg(1847~1934)는 1933년 NSDAP(나치당)의 히틀러를 총리로 임명하면서 바이마르공화국의 마지막 숨통을 끊어놓은 공화국의 마지막 대통령이다. 그는 제1차 세계대전이 낳은 전쟁 영웅으로 많은 국민들의 전폭적인 지지를 받아 1925년 바이마르공화국의 제2대 대통령으로 선출되었다. 1929년 전 세계적인 경제 위기가 찾아오면서 바이마르공화국은 중도파의 붕괴로 의회정치가 마비되고 이른바 '헌정적 비상사태'에 돌입하게 된다. 이 결과 힌덴부르크는 총리임명권 등 비상대권을 휘두를 수 있게 되었지만 사실상 그의 정치적 영향력은 강력하게 부상하는 나치당을 제어할 수 없었다. 1932년 힌덴부르크는 재선에 성공했으나 선거에서 제1당에 등극한 나치당의 정치적 압박에 못 이겨 그 이듬해 히틀러를 총리로 임명하여 독재의 길을 열어주었다.

**   (옮긴이) 원래 쉴러의 희곡 『빌헬름 텔』 4막 2장에서 스위스의 독립을 염원한 아팅하우젠 남작이 죽어가면서 조국의 독립을 위해 귀족과 농민이 서로 대립하지 말고 더 많은 주들이 동맹에 가담할 수 있게 일치단결하라는 의미에서 남긴 유언이다.

정치가 초래하는 혼란Parteiunwesen'에 맞서 투쟁할 것, 즉 정치적 타협이 그 자체로 이미 타락의 형식이라는 생각은 독일 시민 계층에 뿌리 깊게 박혀 있어서 정치 형태가 많은 변화를 겪은 오늘날까지도 이런 이데올로기에 있어서는 별로 변한 것이 없습니다.

그러니까 사람들은 자기들 뒤에 든든한 뭔가가 있기를 원합니다. 그리고 이것이 이른바 미국에서 말하는 '밴드웨건 효과'가 독일에서 왜 그토록 중요한 역할을 하는지 설명해줍니다. 다시 말해 이러한 운동들은 언제나 이미 커다란 성공을 거둔 것처럼 행동하고 자신들이 미래의 보증자인 것처럼, 사람들을 끌어당기는 자기들 뒤에 그게 뭔지는 모르지만 아무튼 모든 게 있는 것처럼 행세하면서 등장합니다. 이런 단결 콤플렉스에는 바로 독일에서 민족국가의 성립이 엄청나게 지체되었다는 사실, 특히 영국과 프랑스와 비교해볼 때 그렇다는 사실이 분명 특정한 요인으로 작용하고 있습니다. 독일 사람들은 자신들의 민족 정체성을 잃을까 봐 언제나 노심초사하면서 살아가는 것처럼 보입니다. 이 불안은 민족의식을 강박적인 수준으로까지 끌어올리는 요인 중 하나입니다. 독일인들이 분열이라는 관념을 떠올릴 때마다 느끼는 공포감 또한 바로 이런 점으로 설명될 수 있을 겁니다.

우리는 이런 운동들을 정신적 수준이 낮고 이론이 없다는 이유로 과소평가해서는 안 됩니다. 이런 점들 때문에 그

테오도어 W. 아도르노

운동이 실패할 것이라고 믿는다면 정치적 통찰력을 완전히 결여한 것이라 할 수 있습니다. 오히려 운동의 수단이 비정상적으로 높은 완성도를 보인다는 점, 즉 일차적으로는 가장 넓은 의미에서의 프로파간다 수단을 완벽에 가까울 정도로 구사한다는 점이 이런 운동들의 특징이라 하겠습니다. 그리고 이런 완벽성은 맹목성과, 바로 이 운동들이 따르는 목적들의 추상성과 결합되어 있습니다. 제 생각에는, 바로 이런 합리적 수단과 비합리적 목적이 결탁한 상황이야말로, 이렇게 축약해서 표현해도 된다면, 기술과 수단이 사회 전체의 목적은 아랑곳없이 완벽의 경지를 향해 발달하고 있는 문명의 전반적인 경향에 어떤 면에서든 부합하고 있습니다. 프로파간다는 무엇보다도 이런 정당들과 이런 운동들에서 당연히 존재하는 실제 이해관계와 명목상의 거짓 목표들 사이의 간극을 지워버리는 데 천재성을 보입니다. 프로파간다는 과거 나치에게 그랬듯이 바로 사태의 본질 그 자체입니다. 수단이 점차 목적을 대체하게 된다고 할 때, 이러한 극우주의 운동들에서 프로파간다는 그 자체가 정치의 실체를 이룬다고까지 할 수 있습니다. 독일 국가사회주의의 이른바 영도자라 하는 자들인 히틀러와 괴벨스가 일차적으로는 선동가들이었고, 그들의 생산성과 상상력이 프로파간다에 투입되었던 것은 우연이 아닙니다.

덧붙이자면, 우리는 그래서 독일 NPD 지도부의 갈등을 과장해서는 안 된다고 봅니다. 제가 받은 인상이 맞다면, 당내에서 승리한 쪽은 이른바 강경파 혹은 급진파였습니다. 우리는 나치당과 후겐베르크의 독일민족국민당Deutschnationale Volkspartei〔1918년 창당한 바이마르공화국 시기의 우익 정당〕이 과거에 어떤 관계를 맺었는지를 기억해야 합니다.* 독일민족국민당은 예나 지금이나 대중적 기반이 없습니다만, 이 대중적 기반은 바로 파국의 정치라는 계기, 즉 스스로를 과대평가하는, 원한다면 망상적이라 불러도 좋을 저 계기와 잘 결합하는 것으로 보입니다.

　　이외에도 이런 맥락에서 상당히 흥미로운 점이 있는데, 이것은 정치학이, 또 특히 이런 것들을 분석하는 정치가들이 한 번은 주목해야 할 점으로, 바로 그런 구조들이 파국이 닥쳐와도 기이할 정도로 항상성을 유지한다는 것입니다. 그러니까 거대한 파국적 상황에서도 독일민족국민당원들이 권력 투쟁 과정에서 국가사회주의자들 밑에 엎드렸던 것과 유사한 일이 NPD의 내부 권력 투쟁에서도 그대로 반복되는 모양

---

*　〔옮긴이〕독일민족국민당을 창당한 정치인 중 한 명인 알프레트 후겐베르크Alfred Hugenberg는 언론사와 영화사를 포괄하는 거대 미디어 그룹의 소유주로서 바이마르공화국에 막대한 영향력을 휘두를 수 있는 인물이었다. 그는 권위주의와 민족주의를 지지했고 의회민주주의를 증오했으며, 독일민족국민당이 살 길은 극우 세력과의 협력에 있다고 보았다. 1928년 후겐베르크는 당내 온건파를 밀어내고 주도권을 잡은 뒤 나치당과 손을 잡았고 결과적으로 민족국민당을 나치에 바치게 된다.

입니다.

　정치적 집단 형성과 배치는 시스템과 파국을 넘어서 지속됩니다. 독일에서는 예컨대 헤센 북부 지방과 같은 국가사회주의자들의 구 중심지들, 이미 1880년대에 폭력적인 반유대주의 운동이 일어났던 이런 지역은 바이에른 북부처럼 유독 우파에 잘 휩쓸리는 듯합니다. 자신들을 반反흑인, 반공이라 여기는 집단들이 이런 이중의 전선을 형성함으로써 극우주의로 치닫는 것은 거의 선험적으로 결정되어 있는 것처럼 보입니다. 아마 오스트리아에서도 이런 구조와 관련하여 비슷한 관찰을 하실 수 있으리라고 충분히 짐작할 수 있습니다. 물론 이런 모든 운동들에 들어 있는 조작되고 거짓된 부분, 즉 그 운동들이 어떤 망령의 망령과 같은 성격을 띠고 있다는 것을 숨겨서는 안 되겠습니다. 오늘날 독일에서 이런 운동들이 즉흥적인 대중운동과 비슷하지 않을까 생각하신다면 잘못 생각하셨고, 또 히스테리적이라고 하겠습니다. 하지만 객관적인 조건들에 의해 주어져 있는 잠재력이 일단 포착되고 첨예해진 상황 속에서 조종을 받는다면 그런 식의 대중운동으로 커질 수 있겠죠. 이럴 경우 보통 이런 상황이면 반복적으로 나타나는 역동성에 힘입어 극단적인 집단들이 분명 우위를 점하게 될 겁니다. 현재는 물론 그 정도까지 오지는 않았지만, 다른 한편으로는 결코 만만치 않은 숫자의 사람들에게 극우주의적 잠재성이 있다는 여론조사 결과를 불변의 사실로 받아들여서도 안 됩니다. 물론 우리가 이 결과를 완전히 믿지 않는다고 해서 상황이 더 나아지는 것은 아니지만요. 이렇게 가변적이라고 생각하면 맞서 싸울 수 있는 가능성도 얻을 수 있습니다. 극우주의 경향에 맞서기 위해서 이런 양비론적이고 반신반의하는 태도를 분명 이용해볼 수 있을 겁니다. 하지만 이런 운동들이 망상 체계* 속에서 기세등등해진다는 사실 속에 이 운동 자체의 잠재성과 가능성이 들어 있으며, 또 이른바 파시스트적 성격의 대중운동들이 망상의 체계와 아주 심층적인 구조적 연관성을 갖는다는 것은 의심의 여지가 없는 사실이긴 합니다. 바로 제가 '권위주의적 인격'** 연

* (옮긴이) 망상 증세가 심화될 경우, 망상적 사고들을 서로 연결하여 그 나름으로는 정연하게 여겨질 수 있는 체계로까지 발전시키고 현실과 유리된 자기 확신의 상태에 빠지게 되는데, '망상 체계'는 바로 이렇게 만들어진 나름의 조직화된 망상적 세계를 일컫는 심리학 용어이다.

** (옮긴이) 미국 망명 시절 사회연구소는 미국 유대인 협회American Jewish Committee의 지원을 받아 반유대주의를 비롯한 인종적 편견에 대한 공동연구 프로젝트를 진행했다. 이 프로젝트의 연구 결과가 총 5권으로 출간된 『편견 연구Studies in Prejudice』총서이다. 그중에서 『권위주의적 인격The Authoritarian Personality』(1950)은 아도르노가 버클리 대학의 사회심리학자들로 구성된 공공여론 연구팀Public Opinion Studies Group과 협업하여 이뤄낸 연구 결과물이다. 이들은 사회적 편견 구조의 생성을 사회심리학적인 측면과 객관적인 사회적 요인의 맥락에서 설명해내고자 했다. 여기서는 아도르노에게 낯설었던 양적 방법론이 적극적으로 사용되었다. 연구팀은 설문조사와 면접조사를 실시하여 권위주의적 인격 유형의 주요한

테오도어 W. 아도르노

구에서 '조종받기 쉬운 유형'이라 불렸던 인간 유형이 여기에서 아주 중요한 역할을 합니다. 부언하자면 이 연구가 나온 때는 아직 하인리히 힘러와 루돌프 회스, 아돌프 아이히만에 대한 그 모든 자료들이 전혀 알려져 있지 않았을 때였습니다. 당시 경험적인 사회연구를 통해 얻은 자료들만을 가지고 이런 결론에 도달했던 거죠. 그러니까 그들은 차갑고, 인간관계를 맺지 못하며, 정확히 기술적인 영역에서는 신중함을 보이지만, 그래도 어딘가 분명 제정신이 아닌 사람들입니다. 힘러가 아주 전형적으로 그런 사람이었죠. 망상 체계와 기술적 완성도의 이런 기이한 합작은 그때부터 있어왔고, 이런 운동들에서는 계속해서 결정적인 역할을 수행하는 것으로 보입니다.

청중 여러분, 다른 한편으로는 바이마르 시대와의 차이를 당연히 매우 강조해야 합니다. 우리가 또다시 유비 관계 속에서 도식적으로 생각하지 않고자 한다면 그래야 합니다.

특징들을 도출해내고 피설문자의 권위주의적 정도를 양적으로 측정할 수 있는 이른바 F-척도를 개발했다. 또한 독일로 돌아온 사회연구소는 이런 미국에서의 연구 경험을 바탕으로 1950년부터 '집단실험Gruppenexperiment'이라는 프로젝트명 아래 독일인의 권위주의적 기질에 대한 공동 연구를 진행한다. 여기서는 다양한 사회적 배경을 가진 1800여 명에 달하는 독일인들과 나치 및 파시즘에 대해 121번의 집단 토론을 실시하고 그 토론 내용을 녹취하여 방대한 양의 기초 자료를 만들어냈다. 이를 바탕으로 도출한 연구 결과는 1955년에 『집단실험』이라는 제목으로 출간되었다. 자세한 내용은 뒤의 해제를 참조하라.

일단 패전의 후유증을 언급해야 합니다. 패전은 물론〔그 후에 찾아온〕번영의 시기로 인해 덮였지요. 또한 극우주의를 방어하기 위해 결정적으로 해야 할 일이 있는데요, 우리는 일차적으로 이 문제를 윤리적 호소, 인간성에 대한 호소로써 접근하면 안 됩니다. '인간성'이라는 말 자체와 그와 관련된 모든 것이 여기서 우리가 다루는 인간들을 분노로 들끓게 하니까요. 그 말은 마치 두려움이나 연약함의 표명처럼 들립니다. 그건 제가 잘 아는 특정 경우, 그러니까 아우슈비츠를 언급하면 "아우슈비츠여 만세Hoch Auschwitz"라는 외침으로 이어지고, 유대인 이름을 언급하는 것만으로도 폭소를 불러내는 경우와 유사합니다.

오늘 할 얘기를 여기서 앞당겨 말씀드리면, 제가 보기에 이런 운동을 방어할 때 정말로 가장 중요한 일로 생각되는 것, 정말로 가망이 있어 보이는 유일한 조치는 극우주의의 잠재적 추종자들에게 그들이 책임져야 할 결과에 대해서 경고하는 것입니다. 즉 그들에게 이런 정치는 그 정치를 따르는 추종자들까지 모조리 재앙으로 몰고 갈 수밖에 없고 그 정치에 이런 재앙이 처음부터 계산되어 들어가 있었다는 점을 분명하게 알려주는 것입니다. 히틀러가 이미 초기부터 "그렇게 되면 난 차라리 내 머리에 총을 쏘겠습니다"라는 표현을 쓰기 시작했고 기회가 있을 때마다 되풀이했던 것처럼 말입니다. 우리가 이런 운동에 진지하게 맞서고자 한다면 프로파간

테오도어 W. 아도르노

다가 끌어들이려 하는 자들의 철저한 이해관계를 환기시켜야 합니다. 이런 방법은 특히 청소년에게 유효합니다. 우리는 그들에게 온갖 형태의 혹독한 훈련과 그들의 사적인 영역 및 생활방식에 가해질 억압에 대해서 경고해야 합니다. 그리고 질서라 자부하지만, 이성의 잣대로 보면 무너질 수밖에 없는 것의 숭배에 대해서도 경고해야 합니다. 무엇보다도 '무엇을 위한 규율인가'라는 질문을 전혀 제기하지 않는, 자기 목적으로 제시되는 규율이란 개념에 대해서도요. 또한 '군인다운 인간'과 같은 그럴듯한 말들로 표현되는 모든 군사적인 것에 대한 물신숭배도 당연히 이런 맥락 속에 있습니다.

　　〔바이마르 시대와의〕 또 다른 차이로 상기해야 할 것은 정치적인 복잡성입니다. 아무튼 독일은 오늘날 그 의미상, 혹은 그 가능성의 측면에서도 바이마르 시대와 같은 정치적 주체가 더 이상 아닙니다. 바로 저런 운동〔극우주의 운동〕 때문에 독일이 세계정치적인 특징, 세계정치적인 경향에서 떨어져나가고, 이제는 정말로 완전히 변방으로 떨어질 것이라는 위협까지 존재합니다. 혹여나 다른 강대국들에서 극우주의가 마찬가지로 관철된다고 하면 모를까 극우주의는 한편으로는 〔독일의〕 정치 영역을 정말로 훨씬 협소하게 제한하는 결과를 가져올 것입니다. 다른 한편으로는 바로 이런 상태가 분노를 유발합니다. 이 분노는 우리가 '문화적 영역'이라 지칭하는 곳 속에서 특히나 들끓는 듯합니다. 그래서 일단 정신

적 인간으로서 우리가 이런 문화적 영역의 문제와 갖는 아주 직접적인 이해관계를 차치해도 된다면, 정치적 관점에서 문화적 반동의 징후들과 거짓된 변방화의 징후들을 각별한 주의를 기울여 관찰해야 하겠습니다. 그것은 이런 운동들이 대외정치적으로 움직일 여지가 별로 없다는 단순한 이유에서, 이 문화적 영역이 바로 그들이 가장 많이 발광할 수 있고, 또 분명 그러려고 시도하고 있으며, 더 많이 시도하게 될 영역이기 때문입니다. 여기에는 일련의 적들이 이미 지명되어 있습니다. 공산주의자의 이마고Imago*도 그 가운데 하나입니다. 바이마르공화국에서는 공산당이 수적으로 아주 큰 당이었고 나치와 공산주의자들 사이의 정쟁 관계도 일말의 합리성을 갖추고 있었습니다. 제국방위군**의 지위로 말미암아 당시에 공산주의의 위협이라 불렸던 것의 실제 의미는 그때에도 이미 분명 지나치게 과장되어 있긴 했지만요. 오늘날 독일에서 공산당은 더 이상 존재하지 않고, 이로써 공산주의는 일종의 신화적 성격을 갖게 되었습니다. 그 말은 공산주의가 완전히 추상화되었다는 뜻이고, 이러한 특유의 추상성은 다시금 사람들이 생각하기에 뭔가 적합하지 않은 모든 것을 '공산주의

---

*   (옮긴이) 정신분석과 심리학에서 쓰이는 용어로, 이 강연에서는 특정 인물이나 집단에 대해 무의식적으로 형성된 이미지를 뜻한다.

**   (옮긴이) 바이마르공화국과 나치 시대 초기까지 독일 국방을 담당하던 군대의 명칭.

테오도어 W. 아도르노

적인 것'이라는 고무줄처럼 늘어나는 개념 아래에 포섭시킨 다음 공산주의적이라고 거부하게 만들게 되었습니다. 예컨 대 악명 높은 콩고 뮐러*를 봅시다. 그는 독일에 들어와 지내 기도 했지요. 용병으로 콩고에 가서 유달리 끔찍한 역할을 했 던 것으로 보이는 독일인인데, 그는 전 세계 어디든 공산주의 와 맞서 싸울 곳이 있다면, 그곳에 가서 당장 싸우겠다고 선 언했지요. 그런 것이 민주주의의 의미라면서요.

자, 이제 공산주의는 우리가 그것에 대해 아는 모든 바로 부터 분리되어버렸습니다. 공산주의는 이제 순수한 공포의 단어가 되어버린 거죠. 이렇게 된 데에는 분명 또 다른 공포 의 단어인 유물론 개념이 어떤 역할을 했는데요, 지금 사람들 은 영리를 추구하고 물질적 이득에 관심을 갖는 물질주의와 유물론적 역사 이론을 아주 음울한 방식으로 뒤섞어버리고 는 마치 이 시스템을 바꾸려 하는 자들이 그저 더 많은 것을

---

*   (옮긴이) 원래 이름은 지그프리트 뮐러Siegfried Müller
(1920~83)로 콩고에서 저지른 만행으로 '콩고 뮐러'로 잘 알려져
있다. 제2차 세계대전 패망 후 살길이 막막해진 나치 장교들은
승전국(프랑스, 벨기에 등)의 해외 식민지에서 용병으로 일하며
껄끄러운 일들을 처리해주는 경우가 왕왕 있었는데, 뮐러 역시
그렇게 용병이 된 사람 중 하나다. 그는 일찍이 나치 독일의
국방군에 자원하여 제2차 세계대전에 참전했고, 나치 독일 패망
이후 군 관련 일자리들을 전전하다가 1962년 남아프리카로 이민을
떠났다. 이후 그는 그곳에서 용병 부대에 들어가, 콩코에서 일어난
심바 반군 진압에 투입되어 잔인한 학살을 벌였다.

가지려 하는 천박한 물질주의자에 불과한 것인 양 여기게 되었습니다.

오늘날까지도 계급의식 내에서 계속해서 발견되는 가장 기이한 구분들 중 하나는—우리는 이를 증명할 아주 확실한 자료들을 갖고 있는데요—광의의 의미에서 부르주아적인 계급의식에 공감하는 사람들이 일반적으로 스스로를 이상주의자/관념론자로 여기는 반면, 노동자들, 예나 지금이나 다른 사람이 저지른 일의 뒷감당을 해야 하는 노동자들은 역시 계속해서 저런 사람들에게 모종의 의구심을 품고 있다는 겁니다. 그들의 의구심은 이론과는 별 관계가 없지만 이른바 관념론의 이데올로기적 본질과—그 본질이란 천박한 관념론입니다만, 그러니까 천박한 유물론만 있는 게 아니라 천박한 관념론도 있는 거죠—비상하게 예리한 감각으로 대치합니다.

그러면 당연히 검은 짐승bête noire이 되는 것은, 무엇보다도 공개적으로 반유대주의적일 수 없고 또 유대인을 죽일 수도 없는 상황에서—이미 일어난 일이니까요—특별히 증오의 대상이 되는 것은 지식인입니다. '좌파 지식인'이란 말도 이런 공포의 단어 중 하나입니다. 이 단어는 일단 직위와 위엄을 갖추지 않은 자들, 그러니까 확고한 자리를 갖지 않은 자들, 이른바 떠돌이 인생으로, 아니면 예전에 폴란드에서 불렀듯이 '허공의 인간Luftmenschen'*으로 간주되는 자들에 대한

테오도어 W. 아도르노

독일적인 불신에 호소하는 말입니다. 노동 분업에 자신을 끼워 넣지 않는 자, 자기 직업에 걸맞은 특정한 위치에 매이지 않는 자, 그래서 역시 특정한 사고에 매이지 않고 자신의 정신적 자유를 유지하는 자는 이런 이데올로기에 따르면 일종의 룸펜인 것이고, 따라서 단단히 재교육받아야 하는 것입니다. 여기에는 당연히 정신적 노동에 대한 수공업자들의 해묵은 원한이 작동하고 있지만 이것은 전혀 알아볼 수 없게, 완전히 전치된 방식으로 숨겨져 있습니다.

이런 운동들은, 제가 말했듯이, 원칙적으로는 권력의 테크닉에 불과하고, 절대 어떤 탄탄한 이론에서 나온 것이 아니기 때문에, 정신에 대해서는 무력할 수밖에 없고, 따라서 정신의 담지자를 공격하게 됩니다. 좌파로 의심받을 만한 인물도 아닌 폴 발레리가 언젠가 아주 훌륭하게 표현했듯이 말

---

*　(옮긴이) '허공의 인간'은 원래 폴란드 및 동유럽에 살던 유대인들이 일정한 직업 없이 여러 일을 전전하며 생계를 유지하는 사람을 일컫던 은유적 표현이었으나, 19세기 말 반유대주의에 의해서 유대인들을 부르는 멸칭으로 전유되었다. 반유대주의자들은 '허공의 인간'이란 말로 유대인이 고향 없이 여기저기를 떠도는 족속들이며, 아무런 생산성이 없는 게으르고 수상쩍은 족속들이라는 이미지를 날조하고자 했다. 나치 시대에 이 표현은 이제 유대인들을 실제로 고향과 근거지가 없는, 부유하는 인간으로 만들자는, 나아가서는 소각로의 연기로 만들어버리자는 이데올로기적 구호로 사용되기에 이른다. Daniel Jütte, "Luftmenschen," *Neue Zürcher Zeitung*, 2009년 7월 1일자 참조.

입니다. "누군가가 자신보다 영리하면 그는 그렇게 궤변가가 된다." 이때는 그러니까 이른바 분별력이라 하는 것으로부터 감정이 완전히 분리되어 따로 작동하게 됩니다. 이런 맥락에서 저는 여러분께 제가 『고유성이라는 은어*Jargon der Eigentlichkeit*』에서 누가 뭐라 하든 중부 유럽적인 성격을 지닌 실존철학에서의 실존적인 것의 개념과 실존 개념의 역할에 대해 관찰한 바가 옳았던 것으로 확인되었다는 점을 상기시키지 않을 수 없군요. 최근에 극우주의자들의 심기를 거슬리게 했던 한 여성 교수가 공격을 받은 논쟁에서 이런 말이 나왔습니다. "우리는 그녀와 논쟁하는 것이 아니다, 이건 실존적 대립의 문제다." 여러분은 이 실존적인 것의 개념이 얼마나 곧바로 비합리주의를 위해서, 합리적인 논거를 방어하기 위해서, 논증 가능한 사유를 방어하기 위해서 사용되는지 대번에 보실 수 있을 겁니다. 그리고 저는 물론 독일어권을 지배하게 된 실존철학의 유독한 공기가 지식인들을 반지성주의로 입문시키는 데에 몹시 커다란 책임이 있다고 생각합니다.

하지만 그 모든 점에도 불구하고 반유대주의는 예나 지금이나 '정치판의 공약'입니다. 반유대주의는 유대인들보다 더 오래 살아남았다고 할 수 있고, 여기에서 반유대주의의 유령적인 형상이 유래합니다. 여기서는 무엇보다도 죄의식을 어떤 합리화 수단을 써서 방어합니다. "뭔가 있었음에 틀림

없어. 그렇지 않았다면 사람들이 그들을 죽이지 않았겠지."
물론 공식적으로 법을 제정한 덕분에 이런 발화는 당분간은
금기시되고 있습니다. 하지만 유대인을 언급하는 것에 대한
금기마저도 반유대주의적 선동의 수단이 되고 있습니다. 눈
을 찡긋하는 제스처와 함께 이렇게들 말합니다. "그것에 대
해 아무 말도 해서는 안 되지만 우리는 서로의 마음을 잘 아
니까. 뭘 말하려 하는지 다 알아." 어떤 유대인 이름을 단순히
언급하는 것만으로도 이런 암시의 테크닉에서는 특정한 효
과를 일으키기 충분합니다.

여러분이 주목했으면 하는, 그래서 여러분이 이에 대해
좀더 자세히 알아보고 여기에 저항할 수 있으면 좋겠다는 심
정에서 알려드리는 반유대주의의 새로운 조작 기술은 축적
효과입니다. 『졸다텐-차이퉁*Soldaten-Zeitung*』, 즉 『나치오날-
차이퉁*National-Zeitung*』*은 이런 기술을 놀라운 탁월성의 수
준으로까지 발전시켜서 그 어떤 호에서도 반유대주의나 신
나치즘을 규제하는 상당히 엄격한 현행법상의 조치가 취해
질 만한 내용을 전혀 쓰고 있지 않습니다. 하지만 신문의 여
러 호를 차례차례 살펴보면, 형식주의 정신에 머리를 완전히

---

*   (옮긴이) 1950년에 창간된 독일 극우 신문. 뮌헨에 본부를
      두고 있다. 원래 '독일군인신문'이란 의미의 『도이체 졸다텐-
      차이퉁』이었으나 1961년부터 '민족신문'이란 명칭을 추가하여,
      1968년에 '독일민족신문'이란 뜻의 『도이체 나치오날-차이퉁』으로
      개명한다.

지배당하지 않고서야 신문이 말하고자 하는 바를 못 읽어낼수가 없습니다. 이러한 위험, 이러한 고도의 기술로까지 발전한 암시 형식은 우리가 엄밀하게 연구하고 통제해야 할 뿐만아니라, 민주주의 국가에서 이에 맞서서 방어할 수 있는 가능한 법적 수단을 강구하도록 노력해야 합니다.

그 이데올로기[나치 이데올로기]만큼은, 그것을 옹호하는 발언 금지법을 제정하여 차단하고 있습니다. 우리는 모든극우주의 이데올로기적 발언의 특징이—최근 어느 선동가의 표현대로라면—"말해서는 안 되는 것"과 "청중을 부글부글 끓게 하는 것" 사이의 영구적인 갈등 속에 있다고 할 수 있습니다. 여러분을 안심시키기 위해 말씀드리자면 그 말은 청중을 부글부글 끓게 만들지 못했습니다. 자, 이런 갈등은 외적으로만 존재하는 것이 아니라, 민주주의적 게임 규칙을 따르게 만드는 강제성이 행동 방식에서 어떤 변화를 가져왔다는 것을 의미하기도 하는데요, 바로 이런 것에 어떤 계기가,음 뭐라고 하면 좋을까요, 이런 운동들이 자신들의 망령이 되어 되돌아온 단계에서 한 번쯤은 겪게 되는 어떤 단절의 계기가 들어 있습니다. 대놓고 반민주주의적인 성격은 떨어져나가게 됩니다. 이제 정반대로 사람들은 항상 진정한 민주주의에 기대어 다른 이들을 반민주적이라고 비난합니다. 민주주의적 게임 규칙의 순응에는 모종의 모순이 있는 것이죠. 선동적인 요소는 더 이상 제멋대로 활개칠 수 없습니다. 저는 당

테오도어 W. 아도르노

내 민주주의 문제를 상기시키고 싶은데요, 아시다시피 독일에서 그것은 헌법에 의해 보장받고 있습니다. 당내 민주주의가 손상되면 당은 금지당할 위협에 놓입니다. 반대로 당내 민주주의가 지켜진다면, 결국 이 정치적 형식은 그 사람들이 옹호하려는 것과 양립할 수 없게 됩니다. 이 또한 그 억지 효과로 볼 때 주목해야 하는 계기인 것입니다.

물론 이 이데올로기가 하나의 독립적이고 짜임새 있는 이데올로기라 하더라도—이 이데올로기적인 요소는 그것을 달성하려는 정치적 의지에 비하면 정말로 부차적인 것으로 보이지만—그 내용은 결국 본질적으로 나치 이데올로기에서 공급받고 있습니다. 자료들을 읽어보면 옛 레퍼토리에 현재 새롭게 추가된 것이 얼마나 없는지, 또 그 얼마 안 되는 것조차 얼마나 과거의 재탕에 불과한지 놀라울 따름입니다. 아무튼 그들은 유럽 통합을 자신들의 것으로 찬탈하려 하면서 '유럽 민족'에 대해 떠들어댔지만, 이런 노력은 유럽 통합이 한창 성사되고 있는 와중에 민족주의적으로 자기 주장을 하는 시도라는 이유로 별 인기를 끌지 못한 것으로 입증되었습니다만, 그럼에도 불구하고 그런 민족주의는 더욱더 강고해졌고, 여기에 일종의 모순이 있는 것이죠.

이 이데올로기에서 대단히 강력한 역할을 수행한 것으로 보이는 것은—저는 이제 어떤 학문적인 문제를 지적하려고 하는데요, 제가 여러분께 정답을 알려드릴 수 있다고 자신

있게 말할 수는 없는 문제입니다만—, 그러니까 대단히 엄청난 역할을 수행한 것이 바로 반미주의입니다. 반미주의는 아시다시피 나치 시대에 '금권 정치' 국가들이라는 용어와 극우 이데올로기에서 진작부터 그 구도가 잡혀 있었습니다. 이런 반미주의의 관점에서 '제3의 세력'으로서의 유럽이라는 사고〔냉전 시대에 유럽이 미국과 소련 사이 제3의 세력으로서 국제 사회에서 역할을 할 수 있으리라는 사고〕를 찬탈하려는 시도가 벌어지고 있습니다. 반미주의 배후에 무엇이 숨어 있는지 말하기는 어렵습니다. 아마도 일부는 실제로 느낀 바, 즉 형식적인 민주주의 체제하에서도, 이 블록 시스템 때문에 정치적 결정을 내릴 완전한 자유를 제한받고 있다는 느낌, 아니 그 이상으로 침해받고 있다는 느낌과 연결되어 있을 겁니다. 말이 나온 김에 한마디해보자면, 저는 이런 이데올로기의 모든 요소들이 절대로 다 단순히 거짓은 아니며, 오히려 참된 것이 이데올로기적인 허위를 위해서 얼마든지 쓰일 수 있다는 것을 꼭 알리고 싶습니다. 그리고 이에 맞서려면 거짓을 위한 진리의 오용을 비판하고 거기에 맞서 저항하는 고도의 기술이 본질적으로 필요하다는 점도요. 진리를 비진리에 봉사시키는 가장 중요한 기술은 그 자체로는 참되거나 올바른 관찰들을 그것이 속한 맥락에서 떼어내어 고립시키는 것입니다. 그래서 이를테면 "히틀러 치하에서 우리는 그래도, 히틀러가 그 멍청한 전쟁을 치르기 전까지는 아주 좋았단 말이

테오도어 W. 아도르노

지" 같은 말들이 생겨납니다. 1933년부터 1939년까지 지속된 호황은 오로지 격렬한 전시경제 덕분에, 그러니까 전쟁 준비 덕분에 가능했다는 사실은 무시하면서요. 이런 식의 것들이 수도 없이 많습니다.

아무튼 여기서는 민주주의가 종국적으로는 지향하는 바이지만 동시에 현 지배 체제에서는 완전히 실현되지 못하고 있다고 여겨지는 자립 콤플렉스와 상관이 있습니다. 제 관찰이 틀리지 않다면, 신 파시즘에서 가장 효과가 좋았던 구호들 중 하나는, 그들이 사용했던 "이제 다시 선택할 수 있습니다"와 같은 표현들입니다. 또 그들이—괴벨스가 사용한 슬로건의 여러 변형들, 즉 '체제 정당'〔체제에 봉사하는 기존 정당을 폄하하는 나치 용어〕의 변형들 중에서—'인가 정당 Lizenzparteien', 즉 이전의 점령국들〔제2차 세계대전에서 패망한 독일을 분할 점령한 미국, 영국, 프랑스, 소련〕에게 인가를 받은 정당들에 대해 말했던 것도 효과적이었습니다. 이 전략이 대단한 효과를 보았던 까닭은 사람들이 바로 자유를 철폐하려 하는 운동을 통해서 다시 자유를 손에 넣은 것만 같은, 자유로운 결정 가능성과 자발성을 손에 넣은 것만 같은 느낌을 받았기 때문입니다. 저는 반미주의와 완전히 한데 엉켜 있는 이 모티프〔자립 콤플렉스〕와 한 번 제대로 붙어보는 작업이 중요하다고 생각합니다.

이런 이데올로기에서 본질적인 것은 그것의 파편성입

니다. 동부로의 팽창이나 본격적인 제국주의를 운운하는 많은 '공약들'은 좋든 싫든 떨어져나갔습니다. "내일은 전 세계가"*와 같은 관점은 이제 완전히 없어졌고, 그 결과 이 이데올로기는 전체적으로 다소 활기를 잃었으며, 나치즘에 이미 들어 있었으나 수면 아래에 있었던 절망에 훨씬 더 초점이 맞춰져 있습니다. 하지만 다시 한 번 말하건대, 파시즘에 정말로 짜임새 있는 이론이란 전혀 존재하지 않으며, 그 운동에서 결국 중요한 것은 권력, 무개념적 실천, 그리고 특히 무조건적인 지배이고, 이에 비해 이론에 녹아들어 있는 정신은 부차적인 것에 불과하다는 사실이 늘 암시되어 있습니다. 물론 바로 이런 성격이 다시금 이데올로기적으로 이런 운동들에 아주 흔하게 발견되는 유연성을 부여한 것은 맞습니다. 뿐만 아니라 현 시대의 정신에도 무개념적인 실천의 우세가 감지되고 있으며, 그것은 프로파간다에도 악영향을 미칩니다.

마지막으로 프로파간다에 대해 몇 가지를, 여러분께 이미 암시했듯이 프로파간다의 가장 중심적인 문제, 어떻게 보면 프로파간다의 핵심이라고 할 수 있는 몇 가지 점들을 말씀드리고 싶습니다. 프로파간다는 제가 말씀드렸듯이 사실 얄팍하기 그지없는 이데올로기의 전파에 유효하다기보다는 군

---

* (옮긴이) 한스 바우만이 부른 나치 가요 〈오늘은 독일이 우리
것이지만, 내일은 전 세계가 우리 것Heute gehört uns Deutschland
und morgen die ganze Welt〉의 한 구절.

테오도어 W. 아도르노

중을 휘어잡는 데 효과적입니다. 프로파간다는 무엇보다도 대중심리학적 기술입니다. 이 기술의 기저에는 권위주의적 인격의 모델이 있습니다. 이 점은 오늘날만이 아니라 히틀러 시대에도, 또 미국에서의 광신적 과격파들의 운동에서도, 그리고 그 밖의 어디서나 다 똑같습니다. 이런 운동들의 공통점은 권위주의적 인격에 호소한다는 점입니다. 이런 운동들이 모든 사람들에게 뭔가를 약속한다는 것은 늘 이야기됐던 바인데, 이것은 〔그 운동들이 지닌〕 무이론성의 특징이라는 점에서 맞는 이야기입니다만, 이런 권위주의적 성격에의 호소 속에 〔저 운동들이 지닌〕 매우 특수하면서도 핵심적인 공통점이 있다는 점에서 방금의 그 주장은 틀린 것이죠. 여러분은 권위주의적 인격의 도식에 부합하지 않는 발언은 단 하나도 찾아내지 못할 것입니다. 우리가 권위주의적 인격에의 호소라는 이 구조를 발견하기만 한다면, 극우주의자들을 정말로 분노로 들끓게 할 겁니다. 아무튼 그것은 이 구조의 급소를 건드린 증거가 될 것이라고 말씀드리고 싶습니다. 이런 프로파간다는 권위주의적 인격을 키우는 무의식적인 경향들을 의식화하는 것이 아니라, 오히려 더욱더 무의식으로 억압하고, 인위적으로 억압된 상태로 유지시킵니다. 이런 모든 운동들에 전형적으로 나타나는, 이른바 상징들에 부여된 과도한 의미들을 떠올려보십시오.

우리가 이런 사항들을 지적하기 시작하면, 그 양반들은

갑자기 아주 학술적인 태도를 취하면서, 권위주의적 인격이 통계적으로든 뭐든 간에 충분히 정확하게 입증될 수 없다는 것을 설명하려 들고, 또 실증주의를 멋대로 뒤틀어서 경험, 즉 생생한 경험을 막아보려 할 겁니다. 말이 나온 김에 말씀드리자면 이것이 바로 제가 어제저녁 여러분 앞에서 강연*할 때 다루었던 문제들과 오늘 제가 다루는 문제들이 직접적으로 수렴하는 지점입니다.

무엇보다도 증오를 받는 대상은 물론 정신분석입니다. 여기서는 반지성주의, 무의식적인 것이 의식화될 것이라는 공포, 또 권위주의적인 성격이 다 같이 일종의 증후군을 형성하고 있습니다. 이제 이런 프로파간다 기술은 특정한 형식적인 특징들만이 아니라 개별적으로 고립되어 존재한다고 할 수 있는 내용들과도 관계되어 있습니다. 이런 기술이 비교적 수가 많지 않고 언제나 되풀이되는, 표준화할 수 있고 완전히 객관화할 수 있는 트릭들이라는 것은 제가 오래전부터 품어왔던 확신인데요—호르크하이머와 저는 미국에서도 이 특수한 문제에 대해서 연구했습니다—, 이 트릭들은 아주 빈약하고 얄팍하지만, 다른 한편으로는 영원히 되풀이된다는 바로 그 점에 힘입어 그 나름으로는 이런 운동들에서 특정한 프로파간다적 가치를 획득합니다.

---

*　　(편집자) 아도르노의 강연 '오늘날의 사회적 갈등 문제에 대하여Zum Problem des sozialen Konflikts heute'를 말한다.

　　　　　테오도어 W. 아도르노

형식적인 특징에 대해서 살펴보자면, 일단 우리가 무엇을 방어해야 하고 또 대비해야 하는가에 대해 주의를 환기하고 싶습니다. 그런데 이것에 대응하는 일은 전혀 간단하지 않은데요, 바로 제가 구체주의Konkretismus에의 호소라고 명명한 것입니다. 이것은 현재 NPD에 의해서 독일에서 무척 발전하고 있는 기술인데요, 언제나 산더미 같은 자료들, 특히 보통은 도무지 반박할 수 없는 숫자들을 동원하는 트릭을 말합니다. 항상 다음과 같은 뉘앙스를 깔면서요. "뭐라고? 애들도 다 아는 것을! 그런데 당신은 그때 누스바움 랍비가 모든 독일인들을 거세시켜야 한다고 주장했던 걸 모른다고?" 말하자면 이런 식의 완전히 꾸며낸 미친 소리입니다. 잘 아시겠지만 저는 방금 사례를 하나 지어냈습니다. 이런 주장들은 바로 이런 식인 겁니다. 통제하기 어렵지만 바로 이런 통제 불가능성에 힘입어 이 주장을 하는 사람에게 특수한 방식의 권위를 부여하는 지식들로 허풍을 떠는 것입니다. 그래서 그런 아주 구체적으로 보이는 주장들을 가지고 수작을 부리는 지점에 대해서는 아예 처음부터 각별히 주의를 기울이는 편이 좋겠습니다. 이것은 히틀러의 그 유명한 노골적인 거짓말의 기술과 결합되어 있습니다. 그리하여 NPD는 독일 선거 집회에서 분명 체계적으로 숫자를, 그러니까 이스라엘에 보낸 배상액을 열 배로 불렸습니다. 하지만 그 뒤 거짓말이 들통나면서 격렬한 항의를 받자, 그들은 이제 커다란 곤란에 빠지게 된 것입니다.

이런 식의 트릭 중에는 우리가 뻔뻔스런 독일적 표현을 끌어들여서 명명해본다면, '살라미 소시지 방법'도 있습니다. 그것은 전체에서 한 조각을 잘라내고, 그다음에 또 한 조각씩 계속 잘라내는 방법입니다. 그렇습니다, 그러니까 이런 운동들의 특징이기도 한 사이비과학적인 꼼꼼한 태도로 살해당한 유대인들의 숫자를 의심하는 것이지요. 일단은 이렇게 말합니다. "그건 600만 명이 아니라 550만 명일 뿐이야." 일단 이런 주장이 한 번 나오고 나면 누군가가 살해당했다는 사실 자체가 이제는 의심스럽게 되고, 마지막에 가서는 정반대가 사실인 것처럼 기술됩니다. 그래서 저는 우리가 이런 것들을 각별히 주의하면서 살펴봐야 한다고 생각합니다.

그다음으로 이런 사유 방식에서는 형식주의Formalismus —이것은 구체주의에 대한 보완처럼 작용하는데요—가 매우 두드러지게 나타납니다. 그것도 사법적 방식의 형식주의가 특히 선호됩니다. 그러니까 이런 식의 주장을 하는 겁니다. 뮌헨 협정*은 주지하다시피 서유럽 열강도 자발적으로

---

*   (옮긴이) 1938년 영국과 프랑스가 독일 민족이 다수 거주하던 체코슬로바키아의 서부 영토를 일컫는 주데텐란트를 독일이 합병하는 것을 승인한 조약. 영국의 체임벌린 수상은 이 조약에 서명함으로써 전쟁 야욕에 불타는 히틀러를 달래어 또 다른 세계전쟁을 억지할 수 있으리라고 기대했지만, 결과는 정반대였다. 결국 체코 영토 일부를 합병함으로써 히틀러가 전쟁 야욕을

                    테오도어 W. 아도르노

조인한 사항이고, 따라서 아직도 유효한 법이며, 이 법으로부터 나오는 주데텐란트에 대한 모든 요구사항들 등등까지 다 포함해서 유효하다고요.

그러면 제가 이미 말씀드렸던, 아, 아직 말씀드리지 않았군요. 아무튼 어떤 문제가 있는데요, 그 문제가 오스트리아에도 해당될지 모르겠습니다. 독일에 해당된다는 것은 확실한데, 여기 오스트리아에서도 긴급한 문제일 것이라 충분히 짐작해볼 수 있습니다. 그것은 제가 공식적인 것 혹은 관공서를 사칭하는 트릭이라고 부르고 싶은 것으로, 이 단체들이 전문용어를 동원하여 마치 그들이 어떤 공공기관에서 나왔거나 공공기관의 후원을 받고 있는 양 행동하는 것을 말합니다. 예를 들자면 대학생들 대상으로 가장 널리 유포된 극우지는 스스로를 '대학생신문Studenten-Anzeiger'이라 칭하는데, 잘 모르는 사람이 보면 이 잡지가 마치 어느 학생 조직에 의해서 발간되고 학생회가 그 뒤에 있을 것처럼 보이지만, 실제로는 순수한 프로파간다 잡지입니다. 마찬가지로 그들은 '독일적'이라는 단어 또한 독점합니다. 생각할 수 있는 모든 것을 다 독일적이라고 부릅니다. 하지만 그들과 대립하는 정당들 또한 독일에 거점을 두고 독일에서 활동한다는 단순한 이유에서

포기한 것이 아니라 오히려 동유럽 침탈의 교두보를 마련하게 된 셈이므로, 이 조약은 연합군 측이 놓은 최대의 외교적 패착으로 꼽힌다.

라도 이 단어를 독점하는 자들만큼이나 독일적이지요.

저는 여기서 트릭 한 가지를 더 논의해보고 싶은데요, 그건 이 트릭이 하나의 트릭이어서만이 아니라 아주 심각하게도 우리가 언제나 다시금 마주치는 것이기 때문입니다. 그건 바로 '사람이 그래도 생각은 있어야지'라는 트릭입니다. 우리는 비교적 악의 없고 그저 식견이 좁을 뿐인 사람들이 이런 식으로 말하곤 하는 사례를 접할 수 있습니다. "글쎄, 이 청소년들이 커서 뭐가 되겠어? 얘네들은 아무 생각이 없어. 그래도 그들이 얘네들한테 생각이란 걸 하게 해주잖아." 자, 제가 아까 여러분께 천박한 관념론/이상주의에 대해서 이야기했습니다. 제 생각에는 바로 이런 것이 제가 저속한 관념론이라 불렀던 것의 전형입니다. 여기서는 그야말로 편리하게 pragmatisch 이념이라는 개념이 자신의 반대 개념으로 전도되어 있습니다. 다시 말해서, 이념이 존재해야 하는 것은 그것이 참이기 때문에, 즉 그것의 객관적인 내용 때문이 아니라, 생각이 없으면 우리가 살아갈 수 없다고들 하니, 생각을 가지고 있으면 좋지 않겠냐는 그런 단순한 실용적인 pragmatisch 이유에서 그렇다는 겁니다. 생각의 내용이 무엇인가 하는 것은 중요치 않습니다. 그러나 누군가가 책상을 탁 치면서 "우리는 생각이 있소"라고 말한다면 그건 이미 그런 이념의 효과적인 대체물이 됩니다. 그러므로 우리는 '사람이 그래도 생각은 있어야지'를 근거로 내세우는 곳이 있다면 특히나 각별히

테오도어 W. 아도르노

주의하고 경계해야 한다고 하겠습니다.

　민족주의와 관련해서 살펴보자면, 보통 프로파간다에서 민족주의는 추상적으로 등장하지 않고, 대단히 세련되게도 민감한 지점을 집중 겨냥합니다. 예컨대 독일인들이 세계적으로 차별받아왔다는 주장을 봅시다. 여기에 대해서는 일단 오히려 그런 끔찍한 일이 벌어졌는데도 세계적으로 원한이 별로 많이 남아 있지 않다는 것이 오히려 더 놀라운 일이 아니겠냐고 반박할 수 있습니다. 혹은 국가(민족) 상징물이 무시받는다는 얘기가 있는데요, 그건 곧바로 분노를 일으키고 폭력 행위로 이어질 수 있는 사안이지요. 상징을 그것이 의미하는 바에서 분리하여 독립시키는 방식은 바로 우리가 언젠가 매우 정확히 분석해야 할 민감한 지점들에 속합니다. 그 이유는 아마 이런 상징물들 속에 그것들에 의해 대표된다고 하는 소위 국가적(민족적)인 것과 전혀 다른 것들까지도 그 표현 내용으로서 함께 진동하고 있기 때문일 것이고, 그래서 저 프로파간다가 날조하는 바처럼 이런 상징물들이 제대로 존중받지 못한다고 한다면 실은 전혀 다른 위협에 무의식이 반응하는 것이겠지요. '오데르-나이세 국경선'〔제2차 세계대전에서 패배한 독일이 동쪽 영토를 빼앗기고 새로 확정받은 국경선〕을 인정하고 싶어 하는 사람들을 '국가반역자'라고 낙인찍으려는 경향도 이와 비슷합니다. 유사한 것들은 전부터 있어왔습니다. 바이마르공화국 시절에는 '이행 정치가

Erfüllungspolitiker'*라 불렸지요. 이것은 우리가 다른 사람들을 '벌 줄 때 느끼는 즐거움'이라고 번역한다면 가장 좋을 법한 일종의 징벌punitiveness 콤플렉스입니다.

최근 독일에서는 거대한 공공 언론정보기관이 NPD 지도자들 몇 명과 대담을 나누어 그들이 대체 어떤 구체적인 제안들을 갖고 있는지 파헤쳐보고자 했습니다. 그때 나왔던 유일한 구체적인 제안은 매우 특기할 만한데요, 바로 택시기사를 죽이는 사람들 때문에 사형 제도를 재도입해야 한다는 것이었습니다. 이런 제안은 참 가소롭고 하찮게 들리지만 법적인 이념들로 위장한 사디즘이 예나 지금이나 극우주의에서 어떻게 작용하는지를 보여줍니다.

저는 이 자리에서 현 상황을 특징적으로 잘 보여주는 그 밖의 트릭들 하나하나를 분석하지는 않을 것입니다. 예컨대 "모든 검둥이 국가가 허용하는 것을 우리는 하지 말라는 것인가?"와 같은 문구에는 대체 그게 무엇이냐는 물음만을 던져보겠습니다. 아니면 독일 산업계에 일제히 자본이 부족하

---

*   (옮긴이) 제1차 세계대전에서 패배한 독일은 막대한 전쟁배상금을 연합군 측에 지불해야 했는데, 그럴 만한 경제적 능력이 없었고, 국론은 심각하게 분열되었다. 당시 요제프 비르트Karl Joseph Wirth와 발터 라테나우Walther Rathenau는 독일이 배상 문제에 진정성이 있다는 것을 연합군에 보이기 위한 '이행 정책'을 시도했는데, 많은 독일인들은 이런 정책이 독일을 억울하게 손해 보는 '호구'로 만든다고 생각하고 불만을 품었다.

테오도어 W. 아도르노

게 되면 독일 경제가 외국에 헐값에 팔릴 것이라는 주장, 혹은 손님 노동자Gastarbeiter*들로 인해 과도하게 외국화될 것이라는 주장도 있습니다. 그런데 예나 지금이나 노동력에 대한 수요는 실업률이 증가하는 상황에서도 상당수의 직업 분야에서, 무엇보다도 최하위 육체노동 분야에서 특히나 많기 때문에 외국인 노동자—저는 손님 노동자보다는 외국인 노동자라고 말하고 싶은데요, 그건 제가 손님 노동자를 이데올로기적인 표현이라고 보기 때문입니다—에 대한 수요가 지속적으로 존재하지요. 그리고 당연히 '퇴폐 예술' '청결' '청정한 스크린saubere Leinwand'** 기타 등등을 아우르는 콤플렉스도 있습니다.

그다음으로는 어차피 단 한 번도 진짜로 요구된 적도 없었던 '죄를 고백하는 일은 이제 그만'이라는 콤플렉스가 있습니다. 또 다른 것으로는 나치가 처음에는 건전했지만 나중에 가서야 타락했다는 설도 있습니다. 이른바 건전한 핵심의 설입니다. 그 밖에 죄의 보상 테제도 있습니다. 마지막으로, 나

* (옮긴이) 전후 서독에서 1950년대 중반부터 경기가 회복되면서 노동력이 급격히 부족해지자 터키 등 여러 나라에서 노동자를 모집했다. 손님 노동자는 이렇게 독일로 고용되어 이주한 외국인 노동자를 지칭하는 표현으로 독일에 손님처럼 일시적으로만 머무르다 간다는 의미가 깔려 있다.

** (옮긴이) 1960년대에 서독에서 일어난 영화정화 운동으로, 영화에 성애 장면이 넘쳐나 사회 도덕을 타락시킨다면서 검열 강화와 법 개정을 주장했다.

치 재판을 문제 삼는 논쟁이 있습니다. 여기에 대해서 프리츠 바우어*는 사형 제도를 재도입하자고 우기는 사람들이 정작 아우슈비츠의 살해자들은 무죄 방면시키자고 요구한다고 아주 정확한 지적을 한 바 있습니다. 이것은 이런 맥락에서 한 번쯤 주목해야 할 사안일 겁니다. 물론 여기에는 아주 심각한 모순이, 그것도 이론적으로 그것을 깨부수느라 제 머리가 거의 부서질 정도로 아주 심각한 모순이 있다는 것을 부인하지는 않지만요.

자, 이제 이것을 어떻게 방어할 것인가에 대해서 몇 말씀 드리고자 합니다. 제 생각에는 이른바 '쉬쉬하는Hush-Hush' 전략, 즉 이런 일들에 침묵과 무시로 대응하는 전략은 단 한 번도 그 효과가 입증된 적이 없습니다. 그리고 우리가 그런 식으로 이 문제에 그럭저럭 대응해가기에는 오늘날 이쪽은 분

---

*   (옮긴이) 프리츠 바우어Fritz Bauer(1903~68)는 서독 최초의 아우슈비츠 재판인 프랑크푸르트 재판(1963~66)을 열어 아우슈비츠 관련 범죄자들을 법정에 세우는 데 크게 기여한 유대계 독일 검사다. 바우어는 일찍이 사민당원으로서 활발한 정치 활동을 벌였고, 1930년대에는 반나치 투쟁을 벌여 투옥되기도 했다. 덴마크와 스웨덴으로 망명해 가까스로 박해를 피해 살아남았던 바우어는 전후 재판관으로 복귀했고 1956년부터 1968년까지 헤센 주 검찰총장을 역임했다. 이 시기에 그는 1944년 7월 20일의 히틀러 암살 기도 사건에 가담하여 내란죄로 처형당했던 사람들을 복권시켰고, 아돌프 아이히만의 소재지를 이스라엘의 첩보기관 모사드에게 알려주어 아이히만 체포 및 재판에 결정적인 도움을 주기도 했다.

명 벌써 너무 많이 발전했습니다. 우리가 도덕적으로 접근해서는 안 되고, 실제 관심사에 호소해야 한다는 것을 여러분께 이미 말씀드렸는데요, 그 말을 다시 한 번 반복하겠습니다. 어쩌면 우리의 '권위주의적 인격' 연구 프로젝트에서 나온 미국에 대한 연구 결과를 상기해봐도 좋을 듯합니다. 그 연구는 바로 편견에 가득 찬 인격들, 즉 전적으로 권위적이고 억압적이며 정치적·경제적으로 반동적인 인격들 또한 자기 자신의 명백한 이해관계, 그들 자신에게도 명백해 보이는 이해관계가 문제가 되는 지점에서는 완전히 다르게 반응한다는 것을 보여주었습니다. 이를테면 그들은 루스벨트 정부의 철천지원수였습니다. 하지만 세입자 보호나 의료비 인하와 같이 그들에게 직접적으로 도움이 되는 제도가 등장하자 반루스벨트주의는 그 즉시 끝이 났고, 그들은 비교적 합리적으로 행동했습니다. 이렇게 사람들의 의식 속에서 일어나는 분열은 제가 말한 의미에서의 억지 효과가 가장 성공적으로 작동할 수 있는 계기들 가운데 하나로 보입니다.

또 다른 조치로는 내부로의 전환이 있습니다. 이 방어 시도는 권위주의적 인격과 극우 이데올로기가 형성하는 전체 콤플렉스의 실체가 실제로는 그들이 지명하는 적, 즉 그들이 발광하듯이 싫어하는 이들을 겨냥한 것이 전혀 아니며, 오히려 문제가 되는 것은 사실 투사적 계기projektive Momente라는 것, 실제로 파악되고 변화되어야 했을 연구의 본래 주체는 극우주의자들이지, 그들의 증오가 동원되는 적들이 아니라는 것을 그들이 의식할 수 있도록 하는 것입니다. 자, 청중 여러분, 저는 이런 내부로의 전환으로 여기서 문제가 되는 사람들에 대해서 직접적으로 무언가 영향력을 행사할 수 있다고 믿을 정도로 그렇게 순진하지는 않습니다. 그 이유는—여기서 왜 그런지 더 이상 일일이 말씀드릴 수는 없는데요—이런 증후군의 본질적인 내용 중 하나가 이 권위주의적 성격의 사람들이 대화를 붙일 수가 없는 자들이라는 것, 즉 어떤 교감도 원치 않는 자들이라는 것이기 때문입니다. 그럼에도 불구하고 여기서 드러나는 사실은—제가 여기서『권위주의적 인격』을 또다시 언급하는 것을 양해해주시기 바랍니다—어떤 특정한 방식으로만 행동하는 이 인격들이 사회심리학적인 문제로서 제시되고, 또 그들에 대해서, 그리고 그들의 이데올로기가 지닌 맥락 및 그들의 심리적인 혹은 사회심리학적인 특성이 숙고되고 그것이 문제화되면서 사회적 풍토 속에 있던 모종의 순진성이 해소됨에 따라 그래도 어떠한 해독 효과가 나타날 수 있었다는 겁니다. 저는 이런 노력이 독일어권에서도, 독일어를 사용하는 다른 나라들에서도 몇 가지 전망을 약속할 수 있으리라고 생각합니다.

마지막으로 우리는 제가 말했던 트릭들을 확실하게 간파하고, 그것들에 아주 적나라한 이름을 붙이고, 그것들을 정확하게 기술하고, 그것들이 함축하는 바를 기술해야 하며, 이를 통해서 대중에게 이런 트릭들에 대한 접종약을 투약할 수 있도록 가능한 모든 노력을 기울여야 합니다. 결국에는 바보가 되고 싶은 사람은 아무도 없기 때문이지요. 혹은 빈에서 말하는 대로라면 '호구'가 되고 싶은 사람은 아무도 없기 때문입니다. 이 모든 것이 거대한 심리적 협잡의 기술로, 거대한 심리적인 사기로 귀결된다는 것을 철저하게 보여주어야 합니다.

청중 여러분, 저는 극우주의가 심리적이고 이데올로기적인 문제가 아니라 극히 현실적이고 정치적인 문제임을 잘 알고 있다고 거듭 말씀드립니다. 하지만 극우주의는 그것의 고유한 실체가 사실과 다른 거짓이기 때문에 이데올로기적인, 이 경우에는 프로파간다적인 수단들을 동원하게 됩니다. 따라서 우리는 극우주의가 순전히 정치적인 수단을 사용하여 정치적인 투쟁을 벌이는 경우를 제외하면, 극우주의를 그 자신의 가장 본래적인 영역 속에서 마주해야 합니다. 하지만 거짓말에 거짓말을 맞세우거나, 극우주의와 똑같이 머리를 굴리려고 시도해서는 안 됩니다. 이제는 정말로 이성의 단호한 돌파력으로, 정말로 비非이데올로기적인 진실로써 극우주의에 맞서 싸워야 합니다.

아마도 여러분들 중에서는 제가 극우주의의 미래에 대해서 어떻게 생각하는지 질문하려 하거나 질문하고 싶은 분들이 있을 겁니다. 저는 이런 질문이 잘못됐다고 보는데요,

그것이 너무 관조적이기 때문입니다. 극우주의를 처음부터 마치 자연재해처럼 바라보는, 마치 돌풍이나 기상재해인 양 예보를 하는 이런 사고방식에는 정치적 주체로서의 우리 자신을 차단해버리는 일종의 체념이 이미 들어가 있습니다. 거기에는 현실과 맺는 나쁜 구경꾼 같은 관계가 들어 있습니다. 극우주의가 앞으로 어떻게 될 것인지, 그리고 어떻게 계속될지에 대한 책임은 종국적으로는 우리에게 있습니다. 경청해주셔서 감사합니다.

테오도어 W. 아도르노

해제
폴커 바이스

1967년 '신극우주의의 양상'에 대한 테오도어 W. 아도르노의 상세한 설명은 이 철학자의 공적인 개입들 가운데 하나로 꼽힌다. 빈 대학에서 순전히 구술로 행해진 이 강연은 현재까지 녹음본만이 남아 있어 거의 알려지지 않은 상태였다. 하지만 그의 분석은 반세기가 더 지났음에도 매 구절이 현재 전개되는 상황에 대한 논평처럼 읽힐 정도로 매력적인 유효성을 자랑한다.

아도르노의 다른 강연들이 편집·출판된 역사를 통해서 알려져 있듯이 아도르노가 녹취, 그리고 녹취본과 맺었던 관계는 양가적이었다. 그의 시각에서는 자유롭게 발화된 말들을 문서로 옮기는 행위는 글과의 근본적인 차이를 지우는 것이었다. 그런 녹취 행위는 "말하는 자를 그가 한 말에 선서시킨다는 목적으로, 그 덧없음에서 자신의 진리를 갖는 하루살이 같은 말을 붙잡아 못 박아버리는 관리된 세계의 행동 양식"* 가운데 하나였다. 그러나 구술이라는 전달 형식의 덧없음과 반대로, 이 강연의 내용은 전혀 그런 휘발성을 띠고 있지 않기에 과거에 발화된 말을 출판하는 작업에 정당성을 부여해준다.

---

* Theodor W. Adorno, "Zur Bekämpfung des Antisemitismus heute," *Das Argument*, 6:29(1964), S. 88~104, 여기서는 S. 88. 또는 *Gesammelte Schriften*[*GS*], Rolf Tiedemann 엮음, Frankfurt/M., 1997, Bd. 20: *Vermischte Schriften*, S. 360~83, 여기서는 S. 360.

빈 강연은 1959년의 강연 '과거청산이란 무엇을 의미하는가'를 잇는 후속 강연으로 읽을 수 있다.* 따라서 이 강연은 특정 시기의 시사적인 문제를 다루고 있음에도 아도르노의 저작과 조화를 이룬다. 의도적으로 자유롭게 진행된 강연은 오스트리아 청중에게 1964년 서독에서 창당된 NPD가 부상하는 상황을 설명하기 위해서 마련된 자리였다. 우파 진영이 결집한 운동으로서 이 정당은 상당한 호응을 끌어냈다. 1968년까지 NPD는 일곱 군데의 주의회에 입성하기에 이른다. 2년 뒤의 1969년 연방의회 선거에서 NPD가 근소한 차이로 패배하리라는 것은 강연이 열렸던 당시에는 가늠할 수 없는 일이었다. 이렇듯 구체적인 대상을 논의하기에 〔강연에서는〕 이렇게 전개되기까지의 역사적이고 사회적인 기본 조건에 대한 원칙적인 설명은 대략적으로 이루어진다. 아도르노가 보다 관심을 기울이는 것은 독일인들의 사회심리학적 성향과 파시즘적 선동의 작용 방식에 대해서다.

1967년의 아도르노가 국가사회주의〔나치즘〕라는 역사적 경험을 전거로 소환한 것은 당연한 일이었다. 강연록의 출판은 당시 아도르노의 고찰이 머물렀던 두 개의 기착지를 세

***

*   Adorno, "Was bedeutet: Aufarbeitung der Vergangenheit," *Erziehung zur Mündigkeit. Vorträge und Gespräche mit Hellmut Becker 1959~1969*, Ernst Kadelbach 엮음, Frankfurt/M., 1970, S. 10~29. 또한 *GS*, Bd. 10: *Kulturkritik und Gesellschaft*, S. 555~72.

개로 확장시킨다. 강연의 역사적인 소실점인 국가사회주의와 강연의 직접적인 맥락인 1960년대 상황에 더해서, 이제 극우주의가 또다시 영향력이 큰 정치적 세력으로 발전해가는 현재가 덧붙여진다. 이런 상황이 아도르노의 말에 현재성을 부여한다. 하지만 아도르노 자신도 강연에서 바이마르 시대와의 차이를 강조한 바 있듯 한 도식을 다른 도식에 그대로 적용해서는 안 된다. 국가사회주의와의 유비 관계들 또한 당시에도 이미 제한적으로만 적용 가능했다. 2019년 현재를 50년 전과 비교하는 작업에도 동일한 규칙이 적용된다. 따라서 강연을 읽기 위해서는 역사적 맥락에 묶여 있는 것과 근본적인 것을 구분하는 작업이 필요하다. 예언적으로 비춰지는 시의성은 강연의 진리에 들어 있는 역사적인 시대의 핵과 견주어 보아야 한다.

강연에는 이 두 가지 차원이 섞여 있는데, 아도르노가 빈에서 비판적인 정세 분석가로서뿐만 아니라 시대의 증인으로서도 발언했기 때문이다. 1933년 4월 3일 프랑크푸르트 대학이 사회연구소(IfS)와의 관계 해지를 통보했을 때 그는 부르주아 엘리트들이 국가사회주의에 얼마나 순종적으로 동참하는가를 곧바로 경험했다. 막스 호르크하이머는 다른 '인종적인' 불청객, 혹은 사상적인 불청객들과 함께 즉시 해고되었다. 롤프 비거스하우스의 묘사에 따르면, 아무도 "이 비방받고 박해받는 동료들을 위해"* 나서지 않았다. 전쟁이 끝나고 사회연구소가 구세계로 귀환했을 무렵 독일의 상황은 이 강연이 다루는 양상에 다시 근접해가고 있었다.

연구소를 다시 프랑크푸르트로 이전한다는 결정은 결코 당연한 것이 아니었다. 전쟁의 결말에서 드러났듯 유럽은 과거의 세계였다. 사회연구소의 소속 연구원들은 이제 서구 사회의 미래만이 아니라 사회연구소의 분석 대상 또한 앞으로 미국에 의해 결정될 것임을 알고 있었다. 자본주의와 민주주의의 미국적 모델은 규격화된 상품생산, 대량소비, 문화산업의 발전을 강제했고, 이런 것들은 그들 사회이론의 중심을 이루는 영역들이었다. 이곳에서는 앞으로 유럽을 마찬가지로 지배하게 될 것들의 윤곽이 드러나 있었다. 아도르노는 그것을 역사적 경향의 현현이라고 평가했다.** 이러한 해석은 서로 다른 모델들을 동일시하지 않으면서 역사적 발전을 바라보게 해주었다. 〔미국과 유럽이라는 두〕 모델의 차이는 유일하지는 않지만 중요한 차이였던 쇼아에 있었다. 그것은 포디즘보다는 나치즘의 산물이었다.

*　　Rolf Wiggershaus, *Die Frankfurter Schule. Geschichte, theoretische Entwicklung, politische Bedeutung*, München, 1997, S. 149.

**　　독일이 항복하자 아도르노는 호르크하이머에게 이 전쟁은 "전체 역사적 경향이 의미하는 바대로 산업이 군대에 맞서 승리를 거둔 것입니다"라고 편지를 썼다. 1945년 5월 9일자 편지. 출전: Theodor W. Adorno & Max Horkheimer, *Briefwechsel 1927~1969*, Christoph Gödde & Henri Lonitz 엮음, Bd. III: *1945~1949*, Frankfurt/M., 2005, S. 100~103, 여기서는 S. 101.

하지만 독일과 국가사회주의가 사회연구소의 관심에서 멀어진 적은 단 한 번도 없었다. 1945년 초에 컬럼비아 대학에서 열린 '국가사회주의의 후유증Nachwirkungen des Nationalsozialismus' 강연 시리즈는 [사회연구소가 처해 있던] 모순적인 상황을 증언해준다. 한편으로 이 강연들은 연구소가 여전히 독일과 유럽을 얼마나 집중적으로 연구했는가를 증명한다. 그러나 다른 한편으로 이 강연들은 "독일과 유럽의 결정적인 문제들이 미국에서 가장 잘 연구될 수 있다는 점을 분명하게"* 보여주었다. 이에 걸맞게 사회연구소는 연구소의 대형 프로젝트 '편견 연구Studies in Prejudice'를 수행하기 위해 미국에서 수집한 경험 자료에 의지했다. 그럼에도 1949년 연구소의 핵심 세력인 막스 호르크하이머와 테오도어 아도르노, 프리드리히 폴록은 귀향을 결심한다. 이러한 행보는 어떤 역설적인 희망을 따른 것이었다. 그것은 아직 덜 발달된 독일 사회에는 총체적인 사회화가 이루어지기 이전 시대의 잔여물이, 그러니까 급변하는 미국에서는 사라져버린 교양의 이상과 시민적 주체성, 한마디로 유럽 문화의 잔재가 생생하게 남아 있으리라는 희망이었다.

프랑크푸르트에서 새출발을 하기 위한 외적 조건 또한 간단하지 않았다. 호르크하이머는 1948년에 프랑크푸르트

---

*　　　Wiggershaus, *Die Frankfurter Schule*, S. 428.

대학에 사전 교섭을 하러 갔을 때 대학의 고위 인사들에게 얼마나 "오글거리고, 교활하며, 기만적으로 영예로운 환영"을 받았는지를 묘사한 바 있다. "그들은 나를 비교적 영향력 있는 미국 여행자로 대해야 할지, 아니면 기억 속에 남아 있는 자신들의 희생자 형제로 대해야 할지 아직 정확하게 모르고 있었다. 그들은 후자로 결정내렸다."* 그런데 전쟁 직후 미국 내에서만이 아니라 서독에서도 점령사령부의 정치적 노선이 반파시즘에서 반공산주의로 변경되었다. 새로운 노선의 지향점은 동서 갈등이 시작되던 시점에 서독의 충성도를 확실하게 지켜내는 데 있었다. 이런 상황으로 인해 사회연구소의 연구 대상인 사회에서 국가사회주의의 잔향은 더 크게 울려 퍼지게 되었다.

　　나치 독재와 연합군 점령, 죄와 민주주의에 대한 독일 젊은이들의 관계를 '편견 연구'의 모델에 의거하여 측정해보는 1950년에 시작된 집단실험 연구에서는 미국적 모범을 따라 새로운 경험적 방법들이 유입되었다. 연구 결과는 오늘날까지도 잘 알려져 있는 여론조사의 한 현상을 보고해주었다. 그것은 "공식적인 여론의 내용과 판이하게 다른 내용을 가

＊　　막스 호르크하이머가 〔부인〕 로제 리케르트에게 보낸 1948년 5월 26일자 편지. Max Horkheimer, *Gesammelte Schriften*, Alfred Schmidt & Gunyelin Schmidt Noerr 엮음, Bd. 17: *Briefwechsel 1941~1948*, Frankfurt/M., 1996, S. 975~78, 여기서는 S. 976.

진 비공식적인 여론의 [⋯] 명제들은 공식적인 여론의 명제들과 나란히 마치 제2의 통화의 화폐 단위처럼 유통되고 있다"*는 것이다. 이는 문명적·민주적인 순화의 관행만으로는 파시즘의 잠재력을 제대로 막아낼 수 없다는 것을 보여주었다. 상위 기관의 힘이 약해지고, 적당한 자극만 주어지면 그것은 언제든 다시 고개를 쳐든다. 이 모델은 정신분석 덕분에 잘 알려진 과정을 연상시킨다. 파시즘은 살아남기 위해서 어떤 정당에도 의존하지 않으며, 오히려 언제든 새로운 파시스트 정당이 이렇게 보전된 '비공식적인' 원한감정을 다시 끌어들여서 생겨날 수 있다는 것은 연구에 의해서 일찍이 증명된 바 있다.

　　이는 반가운 소식이 아니었다. 집단실험 결과가 발표되자 사회연구소의 반대편에 있는 자들은 "오늘날까지도 사랑받는 고전적인 수법"을 취했다. 그것은 "우파의 위험은 축소하고, 오히려 그 위험의 고발자를 전체주의적인 도덕주의자와 이상주의자로 비난하는 것"**이었다. 그러나 사회연구소 작업이 지닌 선구성과 그것이 오늘날의 연구들에 시사하는 바에 대해서는 현재 반론의 여지가 없다. "우파 포퓰리즘에

---

*　　*Gruppenexperiment. Ein Studienbericht*, Friedrich Pollock 엮음, Franz Böhm의 서문 수록, Frankfurt/M., 1955(=*Frankfurter Beiträge zur Soziologie*, Bd. 2), S. XI.

**　　Wiggershaus, *Die Frankfurter Schule*, S. 532.

대한 (진지하게 고찰할 가치가 있는) 논의들은, 연구소의 편견 연구에서 가져온 개념적 도구틀을 통해서 비로소 제기될 수 있었던 물음들에 정향되어 있다." 그것은 예컨대 평가절하는 어떤 심리적 이득을 가져다주는가, 어째서 "자기 자신의 실제적인 혹은 명목상의 두려움이 원한감정을 정당화하는 데" 쓰이는가, "인종주의, 반유대주의, 성차별주의" 혹은 "민족국가주의, 자본주의, 인종주의가 서로 어떤 관계에 있는가"와 같은 물음들이다.* 수십 년 전부터 사회연구소와 아도르노는 바로 그러한 콤플렉스들에 관심을 기울여왔다. 이런 작업들을 고려해볼 때 아도르노가 빈 강연에서 단지 몇 가지 생각들을 보완해보려고 할 뿐이라고 고지한 것은 대단한 겸손의 표현이다.

그러니까 아도르노는 강연 당시에 망명의 경험만이 아니라 약 20년 전까지만 해도 극우주의가 국가이성이었던 국가에서의 일상을 연구한 경험도 있었다. 그의 강연을 관통하는 주요한 사유는 그가 이미 1959년에 정식화했고 오늘날까지도 많이 인용되는, "민주주의 안에서 국가사회주의의 부활"이 "민주주의에 대항하는 파시즘적 경향의 부활보다 더 위협적이다"는 경고를 변주한 것이다. 이제 정치적인 사건 속에서 바로 이러한 경향의 조짐들이 나타나고 있었다. 아도

*   Marc Grimm, "Zur Aktualität Kritischer Theorie," *Zeitschrift für Politische Theorie*, 8:I, 2017, S. 113~21, 여기서는 S. 116.

르노는 8년 전만 해도 "신나치 조직 문제는 다루지 않겠다"고 분명하게 밝혔지만 이제는 이런 현상에 주의를 기울이지 않을 수 없게 되었다.*

　아도르노는 『신극우주의의 양상』에서 이전의 글에서와 마찬가지로 '**정동적**' **민족주의**에 대해서 말하고, 프로파간다의 **트릭**들을 다루며, 패전이 사회에 입힌 나르시시즘적 상처의 흔적들을 다룬다.** 합리적인 관심과 이성의 **단호한 돌파력**을 호소하는 그의 숙고들도 이곳에서 다시 상세히 논해진다. 이렇게 재사용된 개념들 덕분에 그가 호르크하이머와 『계몽의 변증법』에서 일찍이 윤곽을 그려놓았던 저 파시즘적인 '정치판의 공약' 또한 어렵지 않게 다시 알아볼 수 있다.*** **권위주의적 인격**의 구조에 대한 반복적인 암시들도 동일한 제목 아래 사회연구소가 자체적으로 수행한 편견 연구에서 가지고 온 것이다. 전체적으로 강연은 바이마르 민주주의에서 국가사회주의로의 이행을 이미 "단절이 아니라, 유사 논리적인 진

---

*　　Adorno, "Was bedeutet : Aufarbeitung der Vergangenheit," S. 10 이하. (*GS*, Bd. 10, S. 555 이하.)

**　　여기서 이탤릭으로 표시한 개념이나 표현, 대목들은 이 책에 실린 아도르노의 강연에서 직접 인용한 것이다. 〔(옮긴이) 본 책에서는 볼드체로 표시했다.〕

***　　Max Horkheimer & Theodor W. Adorno, *Dialektik der Aufklärung. Philosophische Fragmente*, 1944/1947, Frankfurt/M., 1993, S. 210. 〔Th. W. 아도르노·M. 호르크하이머, 『계몽의 변증법 : 철학적 단상』, 김유동 옮김, 문학과지성사, 2001.〕

화 과정"으로 간파했던 사회연구소의 연구에서 잘 알려진 모티프들을 소환한다.* 당시에 분석의 중심 대상이었던, 민주적인 공동 의사결정과 **자본의 집적 경향** 사이에 존재하는 구조적 모순은 1945년 이후에도 여전히 해소되지 못했다. **이런 의미에서 파시즘 운동을 스스로의 개념에 오늘날까지도 여전히 제대로 부합하지 못하고 있는 민주주의의 상처이자 흉터라고 부를 수 있을 것이라고, 아도르노는** 말한다.

역사적 비교 작업에 대한 유보적 태도에도 불구하고 아도르노가 제시한 사례들은 갈등이 발생하는 개별 영역들의 끈질긴 생명력을 증명한다. 지역별 투표 성향의 연속성은 아도르노에게 **망령의 망령**으로 보이며, 이런 망령은 오늘날에도 여전히 특정 지역들을 엄습한다. 1960년대에 NPD 내부에서 온건파가 보여준 실패는 아도르노에게 NSDAP〔국가사회주의 독일노동자당, 일명 나치당〕가 부상했을 당시 독일민족국민당의 역할을 떠올리게 한다. 이런 선례를 따라서 오늘날까지도 회유 작전은 실패하고 있다. 민족주의의 **적대적 성격**에

*   Helmut Dubiel & Alfons Söllner, "Die Nationalsozialismusforschung des Instituts für Sozialforschung: ihre wissenschaftliche Stellung und gegenwärtige Bedeutung," Dubiel & Söllner 엮음, *Horkheimer, Pollock, Neumann, Kirchheimer, Gurland, Marcuse: Wirtschaft, Recht und Staat im Nationalsozialismus. Analysen des Instituts für Sozialforschung 1939~1942*, Frankfurt/M., 1981, S. 7~31, 여기서는 S. 9.

대한 논평과 유럽 통합이 한창 성사되고 있는 와중에 민족주의적으로 자기 주장을 하는 시도가 난무하는 상황에 대한 논평들은 EU 탈퇴 운동을 서술하는 것처럼 읽힌다. 예나 지금이나 원한감정의 형성에 있어서 "우리가 우리 자신의 삶에 대해 얼마나 큰 통제력을 갖고 있다고 믿는가?"*라는 질문이 핵심적으로 작용한다. 아도르노는 이런 감정의 의미를 이른바 분노시민Wutbürger**의 시위가 나오기 수십 년 전에 통찰했다. 그리고 이는 EU 내 단일 시장이 도입되면, 몰락의 두려움에 근거하는 민족주의는 곧바로 모습을 감출 것이라는 믿음을 반박하는 한 가지 발전 경향을 보여준다. 이미 당시에도 복잡하게 얽혀 있는 현대의 체계 속에서 **주권은 허구적인 면모가** 있었지만, 오늘날에도 주권을 요구하는 외침은 우파 반유럽주의자들의 주요한 구호 중 하나가 될 수 있다.

경제와 사회, 주체적 구조 사이의 연관성을 분석하는 작업이야말로 비판이론의 가장 본래적인 영역에서 행해지는 것이다. 따라서 **기술 발달**에 따른 실업 문제가 자동화된 생산의 결과라는 아도르노의 논평은 간결하지만, 실은 자본주의 안에서의 주체의 구성과 기술 발달의 관계에 대한 지난한 논의에 의거한다. 이미 헤르베르트 마르쿠제는 1941년에 "현대

---

*   Uffa Jensen, *Zornpolitik*, Berlin, 2017, S. 38.
**   (옮긴이) 특정한 정치적 결정에 대한 실망감으로 격렬한 시위를 벌이는 시민들을 일컫는 2010년에 등장한 신조어.

기술이 야기할 사회적 결과"에 대한 몇몇 논평에서 국가사회주의의 '기술 지배적' 성격을 분명하게 주시하면서 부르주아 주체가 어떻게 효율성과 성과의 순수한 담지자로 몰락하는지를 추적한 바 있다.*

그보다 2년 전인 1939년에는 막스 호르크하이머가 "극단적으로 발전한 기술 산업"이 어떻게 자유주의 원리를 좌초시키는지를 서술했다. 기술 산업의 발전으로 "국민 대다수는 노동력의 판매가 불가능해질 것이기 때문이다."** 위기의 경향은 구조적으로 잠재해 있고, 마르크스의 붕괴이론의 왜곡으로서의 사회적 파국의 감정을 시민 계층의 폐부에까지 유발할 것이다. 이러한 느낌은 주체들 안에 있는 무언가를 변하게 만든다. 이제 주체들이 비상사태를 고대하지는 않는다고 해도 기대하게 되기 때문이다. 그래서 아도르노는 그 전부터 조짐이 보이기 시작한 정치적인 위기, 즉 NPD의 부상에서 동시대 경제 위기를 예견한다. 결국에는 변화를 향한 노력 대신에, 향락적인 종말의 레토릭의 외피를 두른 도피가 들어선다. 보탄이 뭘 원하는지 아니? 종말이다.

*   Herbert Marcuse, "Einige gesellschaftliche Folgen moderner Technologie," Dubiel & Söllner 엮음, *Horkheimer, Pollock, Neumann, Kirchheimer, Gurland, Marcuse*, S. 337~67, 여기서는 S. 341.

**   Horkheimer, "Die Juden und Europa," 같은 책, S. 33~53, 여기서는 S. 34.

자신들이 더 대단해질 수도 있는데 〔실제로는〕 그렇지 못하다는 자각은 사람들을 점점 더 집단적 나르시시즘의 행위로 몰고 간다. 아도르노의 '과거 청산' 강연에서 비중 있게 다뤄지는 이런 현상을 슈테판 브로이어는 다음과 같이 개괄한다. "개인들은 민족이라는 집단주체 혹은 지도자를 자신들의 이상으로 만들고 그것에 환상적인 특성을 부여함으로써 이제 개인으로서는 실현하기 불가능한 저 고대적인 위대한 자아를 일부 현실로 만든다. 동시에 그들은 자아-이상 속에 묶여 있는 그들 자신의 공격성을 투사함으로써 자기 자신을 해방시키는데, 이는 이 세계가 주체가 나서서 방어해야 하는 위험천만하고 복수심에 불타는 대상들로 가득하다는 불가피한 결론으로 이어진다. '사회적 나르시시즘'이 마련해주는 보상의 이면은 박해망상인 것이다."*

이 기본 틀은 계속해서 효력을 발휘한다. 자기 자신이 노동력으로서 언제든지 교환 가능하다는 경험은 민족 집단들 간에 '거대한 교환'이 일어나고 있다는 인종민족주의적 **völkisch** 망상에 이를 수 있다.** 이런 우려를 하는 자들은 상상

---

*   Stefan Breuer, "Adornos Anthoropologie," *Leviathan*, 12 : 3, 1984, S. 336~53, 여기서는 S. 346 이하.

**   Renaud Camus, *Der große Austausch, Schnellroda*, 2016 참조. '거대한 교환'이라는 말은 신 우파의 중심적인 프로파간다 문구 중 하나다. 2019년 〔뉴질랜드에서 발생한〕 크라이스트처치 학살의 범인이 발표한 선언 역시 '거대한 교환'이라는 제목을 달고 있다.

적인 주권자에게 도움을 요청하고 의지한다. 권위적으로 작동하는 민족국가는 그들에게 더 이상 위협으로 느껴지는 대신, '자신'의 보호자이자 화신으로서 갈망의 대상이 된다. 이것은 호르크하이머가 이미 1930년대에 후기 자본주의에서 "국민들이 처음에는 지원을 받는 수혜자로, 그다음에는 충성스런 추종자"*로 변신했다고 논평하도록 만들었던 현상이다. 그들은 추상적으로 관리되는 세계에서 몰락하느니, 차라리 직접적으로 체험 가능한 권위를 택한 것이다.

이러한 분석은 현재 어떤 가치가 있는가? 우선은 〔과거와의〕 차이에 주의할 필요가 있다. 극우주의를 경기 변화에 따른 것으로 단순히 소급시켜서 설명하지 말라는 아도르노의 경고는 진지하게 받아들일 필요가 있다. 앞서 기술한 극우주의 확산의 직접적인 배경으로서 1966~67년 경기 후퇴의 파급력을 1929년 세계 경제위기의 결과나 현재의 금융위기 및 통화위기의 결과와 비교할 수는 없다. 옛 나치들의 책동을 과대평가하는 관점에 보내는 회의 또한 지당한 것으로 판명된다. 실제로 1960년대 후반에 구 우파에서 신 우파로 넘어가는 세대교체가 이루어졌다. 이 세대교체의 근본적인 특징은 1945년 이후 극우파가 적응을 위해 기울인 노력의 중대한 성과로서, 아도르노가 말하듯 **대놓고 반민주주의적인 자들**은 떨

---

*   Horkheimer, "Die Juden und Europa," S. 37.

                                            폴커 바이스

어져나간 것이다. 그 대신에 우파의 새로운 자기 정의가 등장했는데, 이에 대한 아도르노의 설명은 오늘날의 우파 포퓰리즘의 특성에도 잘 들어맞는다. 바로 **사람들은 항상 진정한 민주주의에 기대어 다른 이들을 반민주적이라고 비난한다**는 것이다.

아도르노가 서술한 바 있는 [극우파에게 가해야 할] 순응 압박은 오늘날 문화산업이 발달함에 따라 크게 경감되었다. 상품물신의 그늘 속에서 현재 우파의 지도부까지도 모조리 쓰러뜨리는, 개개인을 순응시킬 수많은 가능성이 제공되고 있다. 지도부가 제아무리 카리스마를 발휘해봤자 과거의 희화화를 불러올 뿐이다. 정치적 전선 또한 직접적인 비교를 불허한다. 전 세계적인 지하디즘, 우파 포퓰리즘의 선동에서 핵심적인 요소를 논할 때 중요한 것은 반유대주의와는 달리 정동적pathisch 투사投射만이 아니다. 정치적 이슬람주의der politische Islam는 [우파 포퓰리즘의] 실제 주범이긴 하지만 집단적인 나르시시즘이 상처 입은 결과로도 간주되어야 한다. 비판이론이 앞으로 이러한 영역의 연구도 맡겠다는 각오를 보일 때, "현재 닥친 구체적인 위협들에 대응하는"* 그 능력을 입증해 보일 수 있을 것이다.

사회연구소는 파시즘이 포디즘과 함께 어떻게 부상할 수 있었는지를 연구했다. 오늘날에는 시민적 주체성의 잔재

---

*   Grimm, "Zur Aktualität Kritischer Theorie," S. 120.

가 그 이후에 찾아온 시대에 어떤 결과를 가져왔는지의 문제가 제기된다. 디지털화는 아도르노가 언급한 **자동화**를 더욱 강화시켰다. 인간 노동이 불안정한 영역에 내몰리는 상황은 하이테크 시대에도 인간에게 상처를 입힌다. 디디에 에리봉은 정치적 좌파가 몰락하는 상황에서 이제 대체 누가 잉여인간들, 불안정하게 고용된 자들, 아직 남아 있는 산업 프롤레타리아트들이 "존재한다는 사실, 그들이 삶을 살아간다는 사실, 그들이 무언가를 생각하고 원한다는 사실"에 "책임을 지는가"라는 정당한 물음을 제기한다.*

이런 측면들은 현재의 권위주의적 반란에 대한 논쟁에서도 거대한 공백으로 남아 있다. 권위주의적 반란은 인종주의라는 한 가지 특성만 있는 것이 아니다. 원한감정은 오히려, 예컨대 사회주의자들이나 자유주의자들에게로 확장될 수 있다는 특징을 지닌다. 계급 하락의 위협을 느끼는 자들은 그 비참함의 책임을 그 원인이 되는 장치에 묻는 대신, 자신들이 **한때 지위를 누렸던 체제를 […] 비판적으로 적대해왔던 사람들에게 책임을 전가한다.**

오늘날 극우파가 수십 년 전부터 심각하게 무력해지고 있는 좌파에게 갖는 집착이 보여주듯이, 다른 모델을 제안하는 사람들에게 유달리 분노가 쏟아진다. 준準 독재에 가까운

* Didier Eribon, *Rückkehr nach Reims*, Berlin, 2016, S. 39. 〔디디에 에리봉, 『랭스로 되돌아오다』, 이상길 옮김, 문학과지성사(근간).〕

"좌파-녹색당 연합으로 병든 68세대 독일"*이라 하는 괴물의 형상은 완전히 달라진 사회적 조건하에서도 전통적인 적의 이미지가 여전히 그 공포스런 위력을 발휘할 수 있음을 보여준다. 온갖 범주들의 구분이 무너지면서 EU는 'EUSSR'로, 현 독일은 '동독 2.0'으로, 전체 정치판 자체는 민주주의적인 보수주의에 이르기까지 모조리 좌파로 분류된다. 공산주의는 1967년에 이미 하나의 개념이라기보다는 이마고Imago에 가까웠고, 그렇게 **우리가 그것에 대해 아는 모든 바로부터 분리되어버린 채,** 여전히 음모론에 유용하게 활용된다.

『계몽의 변증법』의 「반유대주의적 요소들」이라는 장을 통해 이미 잘 알려진 반지성주의와 반마르크스주의, 반유대주의 간의 교착 관계, 즉 아도르노의 검은 짐승bête noire은 여전히 담론장을 지배한다. 그 짐승은 오늘날 이른바 문화마르크스주의의 형상에서 다시 그 위험성을 드러낸다. 문화적 마르크스주의cultural marxism라는 미국 극우파의 용어에서 차용한 이 개념은 그 사이에 '문화볼셰비즘'이라는 나치 프로파간다 용어의 후계를 자처했다. 이 개념은 전 세계에 널리 퍼져있고, 특히 비판이론을 중심으로 내세우는 음모론을 지어낸다는 사실이 특기할 만하다.**

* 　2016년 AfD〔독일을 위한 대안당〕의 슈투트가르트
　　전당대회에서의 외르크 모이텐Jörg Meuthen의 발언.
** 　Alice Weide, "Die Angst der Kulturmarxisten vor der Aufklärung

공격적인 선동은 아도르노의 영향을 받은 나치 과거의 역사적 청산도 겨냥한다. AfD〔독일을 위한 대안당〕지도적 정치인 한 명은 파토스를 실어서 "망할 극복의 정치"를 끝장 낼 것을 고지하고, "기억의 정치의 180도 전환"*을 요구했다. 이러한 레토릭은 NPD에게도 친숙했던 것으로서 아도르노는 그것을 '죄를 고백하는 일은 이제 그만' 콤플렉스로 요약한다. 과거 수십 년간의 다른 우파 정당들과 구분되지 않는 현 독일 우파 포퓰리스트들의 이런 과거 장악 태도를 볼 때, 아도르노

und der AfD," *Junge Freiheit online*, 2018년 1월 23일자(https://jungefreiheit.de/debatte/kommentar/2018/die-angst-der-kulturmarxisten-vor-der-aufklaerung-und-der-afd/) 참조. 최종 확인 2019년 3월 30일. '문화마르크스주의'라는 개념은 2011년에 있었던 노르웨이의 대량학살범 아네르스 브레이비크Anders Breivik의 범행 선언 「2083」에서도 중심적인 개념이다. 브레이비크의 세계관은 역시 '문화적 마르크스주의'에 대한 투쟁을 선동하는 글을 실은 노르웨이의 블로거 'Fjordman'에게서 영감을 받았다. 그 글들은 브레이비크의 학살이 벌어진 이후에 독일어로 번역되었다. Fjordman, *Europa verteidigen. Zehn Texte*, Martin Lichtmesz & Manfred Kleine-Hartlage 엮음, Schnellroda, 2011. 피츠버그의 유대교 회당에서 열한 명을 죽인 죄로 기소당한 로버트 바워스Robert Bowers도 마찬가지로 문화적 마르크스주의와의 투쟁에 임하고 있다는 망상에 빠져 있었다. Samuel Moyn, "The Alt-Right's Favorite Meme is 100 Years Old," *New York Times online*(http://www.nytimes.com/2018/11/13/opinion/cultural-marxism-anti-semitism.html) 참조. 최종확인 2019년 4월 16일.

* 비요른 회케Björn Höcke가 드레스덴의 주점 '바츠케 무도장 Ballhaus Watzke'에서 열린 2017년 1월 17일 연설에서 한 발언.

가 얼마나 정확하게 '죄의 숭배'를 극복하라고 요구하던 저들의 동기를 파악했는가를 확인할 수 있다.* 자기 민족이 저지른 범죄를 알고 있다는 치욕감이 과거의 기억을 상기시키는 자들 내지는 기억 자체를 적대하게 한다. 이미 1959년에 아도르노는 "아직 지나가지도 않은 것을 망각하라는 요구 속에" "모두가 다 아는 것을 다른 사람에게 설득할 수 있기 이전에 자기 자신에게 설득해야 한다는 분노"**가 함께 울려 퍼진다는 점을 꿰뚫어 보았다. 이런 정동을 관찰할 때의 아도르노는 프랑크푸르트 대학 관료들이 〔망명지로부터〕 되돌아온 호르크하이머에게서 발견하고 두려워했던 저 희생자들의 귀환한 '형제'로서 발언한다.

아도르노의 시대에도 그랬지만 오늘날에도 여전히 아우슈비츠를 언급하는 것은 사람들을 분노로 들끓게 한다. 그것은 일반적인 윤리적 고민이나 인간성에 대한 호소도 마찬가지인데, 이에 대해서는 2018년 페기다 시위에서 나온 "'선'인

---

*   "영국의 전쟁 프로파간다 정신으로부터 '추악한 독일인'이 탄생한 지 100년이 넘은 지금, 죄책감 숭배와 민족적 신경증을 점차 벗어던질 때도 되었다. 다른 사람들은 진작부터 다르게 보고 있는데도 스스로를 유쾌하게 공개적인 자기 비난의 대상으로 삼는 '죄의 긍지'가 오늘날 '전형적인 독일인'의 불쾌한 측면이다." Miachel Paulwitz, "Der Selbsthaß blüht," *Junge Freiheit*, 2014년 5월 23일자, S. 13.

**   Adorno, "Was bedeutet: Aufarbeitung der Vergangenheit," S. 14. (*GS*, Bd. 10, S. 558.)

Gutmenschen"*이라는 어구나 해난구조자들을 향해 외친 〔난민들이〕 "빠져 죽게 놔둬라"라는 구호가 잘 보여준다. 물론 이런 상황은 그 사이에 우파 선동가들이 능숙하게 스스로를 희생자와 동일시한다는 점에서 이전보다 더욱 심각해졌다.**

이런 많은 정동들은 시대와 어울리지 않는 것처럼 보이지만, 바로 이러한 시대착오성이 어떤 힘을 발휘한다. 번영하는 현재에 대한 약속이 기만적인 것으로 입증된다면, 지위는 상실될 위협을 받고, 정체성은 물신이 되며, 극복했다고 믿은 것은 되돌아온다. 아도르노가 주장하듯, **신념이나 이데올로기라고 하는 것은 객관적인 상황에 의해서 더 이상 그 실체를 유지하지 못하게 될 때 비로소 자신의 악마적인 성격을, 자신의 진정으로 파괴적인 성격을 띠게 된다.** 오늘날 평등한 권리의 시대에 여성혐오적이고 호모포비아적인 선동이 강력한 흡인력을 발하는 상황과 세속화된 현 시대의 한복판에서 종교적 근본주의가 재부흥을 맞는 상황이야말로 우리가 지금까지 달성한 것의 빛을 받으며 문명인이라고 안심하는 태도가 얼마나 기만적인가를 잘 보여준다. 에리봉은 예나 지금이나 "특정한 그

*   (옮긴이) 난민 구호를 위해 봉사하는 사람들이나 난민 공격에 맞서 싸우는 사람들을 부르는 멸칭. 순박하고 멍청하다는 뉘앙스를 강하게 풍긴다.

**   "독일에 사는 사람들은 유대인들이 반유대주의에 대처하는 법을 배워야 했듯이 반게르만주의를 끝장내는 일에 익숙해졌다." Rolf Peter Sieferle, *Finis Germania*, Schnellroda, 2017, S. 77.

룹의 거주민들—게이, 레즈비언, 트랜스섹슈얼, 또 유대인, 흑인 등등"에게 얼마나 정열적으로 "문화적인 저주의 굴레가 씌워지는지"를 보며 아연해한다.* 『계몽의 변증법』을 다시 참조해서 말해보자면, 이 사람들에게는 해방의 순수한 추상적 권리가, 행복을 오로지 구체적인 권력의 표현으로만 해석할 수 있는 자들에 의해서 주어지지 못하고 있는 것이다.**

극우주의 운동에서 프로파간다 그 자체가 정치의 실체를 이룬다는 아도르노의 단언 또한 너무나 지당한 주장이다. 여기에서 아도르노는 레오 뢰벤탈의 『거짓 예언자들*Falsche Propheten*』을 곧바로 이어받는다. 미국에서 벌어진 파시즘적 선동에 대한 뢰벤탈의 분석은 사회연구소의 대형 프로젝트였던 '편견 연구'의 일부로서, 프로파간다에서 비상사태를 부르짖는 것이 얼마나 근본적인지를 강조한다.*** 뢰벤탈의 통찰은 극우주의자들이 특정한 담론적 규칙을 익히거나 정치적인 교육을 받기만 한다면 훨씬 자제하게 될 것이라는 희망을 일찌감치 분쇄시킨다. 뢰벤탈은 프로파간다에 의해 권위주의적 인격이 체계적으로 고무되는 과정을 '물구나무' 세워진 정신분석으로 묘사한다. 선동 기술만이 아니라 '대중문화' 일

---

*   Didier Eribon, *Rückkehr nach Reims*, S. 212.

**   Horkheimer & Adorno, *Dialektik der Aufklärung*, S. 181.

***   Leo Löwenthal, *Falsche Propheten. Studien zur faschistischen Agitationen, Schriften 3*, Frankfurt/M., 1990, S. 11~159.

반에도 같은 원리가 적용된다. "사람들은 신경증적 혹은 정신병적으로 변하고, 결국에는 소위 그들의 영도자라 하는 작자들에게 종속된다."*

아도르노는 뢰벤탈의 연구 결과를 이미 1944년에 정신분석학자 에른스트 짐멜의 심포지엄에서 소개한 바 있다.** 그는 우파 선동가들이 만들어내는 정치적 파괴가 제어 가능한 일탈이 아니라 계산된 결과라는 점을 알았다. 아도르노에게 "파시즘적인 프로파간다가 뒤집힌 논리와 환상적인 왜곡을 통해서 의식적으로 계획되고 조직된 것이라는 점"은 의심의 여지가 없는 것이었다. 그런 프로파간다는 어떠한 담론 논리도 따르지 않고 정동들을 동원하는 "일종의 조직된 사고의 도피"이다.*** 이 때문에 선동자를 향해서 이성적으로 호소해보려 한다면 헛수고로 끝날 것이다. 그 뒤에 이어지는 아도르노의 한탄, 즉 형식주의 정신에 머리를 완전히 지배당하지 않고서

---

*   Leo Löwenthal, "Mitmachen wollte ich nie. Gespräch mit Helmut Dubiel," *Schriften 4*, Frankfurt/M., 1990, S. 271~98, 여기서는 S. 294.

**   Theordor W. Adorno, "Antisemitismus und faschistische Propaganda," Ernst Simmel 엮음, *Antisemitismus*, Elisatbeht Dahmer-Kloss 엮음, Helmut Dahmer의 해제 수록, Frankfurt/M., 1993, S. 148~61. 여기서는 S. 150. "프로파간다는 전적으로 수단에 정향되어 있기 때문에 수단 자체가 그것의 본질적인 내용이 된다."

***   같은 글, S. 153.

야 그것들이 말하고자 하는 바를 못 읽어낼 수가 없다는 그의 한탄은 오늘의 논의 대상들에도 곧바로 적용될 수 있다.

선동 효과는 그것이 빈틈없이 들어맞는 문화산업의 틀을 통해서도 보장된다. 아도르노가 확언한 **수단의 비정상적인 완성도**와 **목적들의 과도한 추상성**의 결합은 인터넷 시대에 점점 더 분명하게 나타나고 있다. 그것들이 봇이나 트롤이나 가짜 뉴스로 등장하는 현상은 많은 주목을 받았다. 이 현상들의 표면 아래에서 바로 **합리적 수단과 비합리적 목적이 결탁한 상황**이 드러나는데, 그것은 그 과도한 정도에도 불구하고 아도르노가 **문명의 전반적인 경향**이라 주장했던 것이다. 또한 대량생산된 정보 및 문화 메커니즘에 대한 반성이 없다면 프로파간다에 대한 거부는 가망 없는 무모한 시도로 끝날 것이라는 아도르노의 전망 또한 여전히 유효하다. 프로파간다는 바로 이러한 틀 속에 있을 때 비로소 효력을 발휘할 수 있기 때문이다. 프로파간다가 놓인 이러한 구조에 맞서 신중한 침묵이나 달래려는 시도, **쉬쉬하는 전략**을 취하는 것은 아무런 도움이 되지 못한다.

이는 대중문화에 대한 발터 벤야민의 숙고에 맞서는 뢰벤탈의 이의 제기를 떠올리게 한다. 그에 따르면 벤야민의 낙관주의, 즉 "기술적이고 전자적인 재생산 가능성을 통해 가능해진 예술 작품의 전파는 정치적으로 좋은 의미를 지닐 수 있다"는 생각은 그때 당시에도 벌써 사회연구소 연구원들의

"정치적 경험"과 배치되었다.* 오늘날에는 디지털 혁명이 대중문화를 새로운 차원으로 끌어올렸을 뿐만 아니라 국가 및 경제 분야에까지 총체적 관리를 확장시키는 도구들을 제공해주었다. 우리 시대의 극우파들은 그들의 역사적 선구자들처럼 프로파간다와 기술을 결합하는 데 탁월한 수준으로 정통해 있다. 그들이 보여준 지난 미국 대통령 선거에의 성공적인 개입은 유럽의 우파 운동에 모범으로 통한다. 유럽 우파 운동은 그 후로 양식이나 내용 면에서 본격적으로 미국을 따라하기 시작했다. 사회연구소가 견지했던 대서양을 넘나드는 관점은 여전히 유효한 것이다.

디지털 커뮤니케이션이 시작된 지 30년이 조금 못 되는 지금, 특정 기술을 매개로 민주주의의 진보를 이룩하려는 소망은 키치와 스펙터클이라는 문화산업적 틀이 지배하는 한, 이루어질 수 없다는 것이 분명하게 확인된다. 만일 극우파들이 세력을 키우기 위해 동일한 기술을 사용한다면, 이들에 맞서는 활동에도 똑같은 문제가 제기된다. 현 상태의 유지만을 목표로 하는 노력은 방어 전략으로서 실패하고 말 것이다. 우파의 부활이 그 나름으로는 바로 저 현 상태를 유지하려는 노력의 결과임을 인식하지 않는다면 말이다. 아도르노, 그리고 뢰벤탈에게 이런 연관 관계는 이미 반세기도 더 전에 훤히 들

***

*   Löwenthal, "Mitmachen wollte ich nie," S. 284.

여다보이는 것이었다.

따라서 비판이론을 역사로 만들 이유가 없다. 지금 현재, 극우파와의 접촉을 두려워했던 중간층의 공포는 사라지고 있고, 시민 계층의 일부는 자유주의가 지배적이었던 전후 몇십 년 동안은 떠나 있었던 그 배치로 되돌아가고 있다. 그들은 파시스트 선동가가 "균열이 더 깊게 파이고 우리 언어가 더 선명해지고 구체화되어야 한다"*라고 주장할 때 박수를 보낸다. 1960년대 이래로 독일 연방공화국의 정신적 풍경을 결정지었던 교양 엘리트와 자유주의적 민주주의의 종합은 자연적으로 주어진 것이 아니다. 그것은 언제든 종식될 수 있다. 그런 시절에도 아도르노가 강연에서 주목한 **망령**은 여전히 구제받지 못했던 것이다. 그것은 **신극우주의**의 형상으로 또다시 떠돌고 있다. 이럴 때일수록 파시즘적 선동의 구조와 그 선동이 성공할 수 있는 사회심리학적 기반을 다시 분명하

---

*   2018년 3월 8일 드레스덴 문화의 전당에서 열린 두어스 그륀바인Durs Grünbein과 우베 텔캄Uwe Tellkamp의 대담에서 나온 괴츠 쿠비체크Götz Kubitschek의 발언. 그 사이에 이 경계가 얼마나 무너졌는가는 우베 텔캄이 쿠비체크의 잡지 『분리Sezession』에 글을 기고했다는 사정이 잘 보여준다. Uwe Tellkamp, "Der Moralismus der Vielen. Offener Brief," Sezession 87, 2018, S. 27~31. 2018년 11월 13일에 먼저 온라인으로 발표(http://sezession.de/59871/der-moralismus-der-vielen-ein-offener-brief-von-uwe-tellkamp). 최종 확인 2019년 4월 26일.

게 인지하는 것이 중요하다. 아도르노와 사회연구소의 작업은 이를 위해서 필수불가결하다.

역자 후기

이 책은 독일에서 2019년 7월에 출간된 아도르노의 강연록 『신극우주의의 양상*Aspekte des Rechtsradikalismus*』을 한국어로 번역한 것이다. 아도르노의 강연록은 출간되자마자 베스트셀러 리스트에 올랐고 큰 반향을 일으켰다. 아도르노의 '신간'이 그토록 화제가 된 이유는 무엇이었을까? 저 유명한 프랑크푸르트 학파를 대표하는 거두의 강연이 반세기 만에 새롭게 발굴되어 나왔기 때문에? 때마침 2019년 여름이 아도르노가 사망한 지 50주년이 되던 해여서? 혹은 사유의 어지러운 곡예로 악명 높은 사상가의 책치고는 유달리 얇은 책이어서? 이 모든 점이 분명 『신극우주의의 양상』을 베스트셀러로 만든 이유로 작용했을 수 있다. 그러나 이는 결국에 2019년 독일에서 극우주의가 '또다시' 너무나도 현재적인 문제이기 때문이다.

2010년대 초반부터 유럽연합 회원국 간에 경제적 격차가 벌어지면서 유럽 전역에 반反EU 운동이 거세졌고, 독일에서도 보수적인 국민주의와 우파 포퓰리즘을 표방하는 정치 세력들이 새롭게 결집하기 시작했다. 그중에서 독일을 위한 대안당Alternative für Deutschland(일명 대안당, 혹은 AfD)은

2015년부터 급진 이슬람 무장단체가 유럽 곳곳에 테러를 일으키고 시리아 내전으로 발생한 대규모 난민이 유럽에 몰려들면서 독일인들 사이에 격화된 반反난민·반反이슬람 감정을 타고 급부상하기 시작했다. 급기야는 2017년 제19대 총선에서 AfD는 12.6퍼센트의 득표율로 총 94석의 의석을 얻어내원내 3당으로 올라섰다. 독일기독교민주연합(일명 기민련)의 메르켈 총리가 AfD와 연정을 구성할 수는 없는 상황에서 기존의 서로 대립하던 정당들을 모아 어떻게든 과반 의석을 확보하려고 애쓰는 모습은 AfD가 얼마나 무시할 수 없는 정치 세력으로 성장했는지를 실감하게 했다. 사실 극우파의 득세는 비단 독일만의 문제는 아니다. 유럽 전역에서 중도파의 몰락을 관찰할 수 있다. 보수당과 진보당의 오랜 양당 구도는 급격하게 붕괴하고 있고, 기성 정당은 그 어느 때보다도 국민의 신임을 받지 못하고 있다. 나치즘의 악몽으로부터 자유롭지 못한 독일에서는 이런 현상이 오히려 이웃 국가들에 비하면 뒤늦게 나타났다고 할 수 있다. 하지만 점차 극우파가 AfD 당권을 장악하고 나치 과거사 문제를 축소시키는 발언을 하는 등 노골적인 극우·친나치 행보를 보이자 정말로 독일에서 극우주의가 회귀하고 있는 것이 아닌가 하는 공포가 현실로 다가오게 되었다.

　이런 시점에 출간된 아도르노의 책은 그야말로 시의적절해 보인다. 나치의 박해를 피해 망명을 떠나야 했던 유대

　　　　　　　　　　이경진

지식인에게 반유대주의 및 파시즘의 원인과 구조를 해명하는 일은 필생의 작업이었다. 그런 아도르노라면 현 독일이 겪고 있는 극우주의 문제를 풀어나갈 수 있는 예리한 통찰들을 우리에게 던져주지 않을까 하는 기대가 드는 것도 당연하다. 실제로 주어캄프 출판사가 아도르노의 오래전 강연의 녹취를 풀어 많지 않은 분량임에도 단행본 저서로 출간하겠다고 결정한 데에는 이런 기대가 밑바탕에 깔려 있었다. 출판사에서는 아도르노의 이 강연을 파시즘에 맞서 싸우라는 메시지가 담긴, "미래를 향해 띄워 보낸 병 편지"라 홍보했다. 실제로 이 병 편지를 열어서 읽어보면 출판사의 홍보 문구가 과장으로 느껴지지 않는다. 그만큼 아도르노의 분석은 여전히 현재적이고 시의성이 있다. 그러나 아도르노가 강연에서 여러 차례 강조하는 바대로 강연이 이루어진 1960년대 중반과 나치 시대를 곧바로 비교하기 어려운 만큼 나치 시대나 1960년대 중반을 현재의 상황과 평행하게 놓고 싶은 유혹을 경계해야 한다. 이런 의미에서 주어캄프 출판사에서는 최근의 극우주의 운동을 연구하는 역사가 폴커 바이스의 해제를 아도르노의 강연 뒤에 붙였다. 바이스의 해제는 이 강연을 역사적으로 맥락화하여 강연의 현재적인 의미를 보다 비판적으로 끌어내는 데 큰 도움을 준다.

맨 앞의 짧은 편집자 노트와 폴커 바이스의 상세한 해제에서 설명되어 있듯이 아도르노의 강연은 왜 서독에서 제2차 세계대전이 끝나고 22년이나 지났는데도 또다시 극우주의가 발흥하는지를 설명해달라는 오스트리아 사회주의학생연합의 제안으로 1967년 4월 빈 대학에서 개최되었다. 1960년대 중반까지 전후 서독에서 극우 정당은 위헌정당해산제도 덕분에 중요한 정치 세력으로 부상하지 못했다. 그러나 1964년에 창당된 NPD(독일민족민주당)는 1966년과 1967년에 여섯 군데의 주의회에 입성하여 많은 사람들을 놀라게 했다. 왜 이런 사태가 발생하는가, 왜 이렇게 극우주의는 사라지지 않는가에 대해서 분명 어떤 해명이 필요해 보였고, 아도르노는 이런 요구에 부응하여 강연을 해나간다. 그는 이미 미국 망명 시절에 『권위주의적 인격』과 『계몽의 변증법』에서, 또 독일로 돌아온 뒤에는 『집단실험』 및 그 밖의 다수의 칼럼과 강연 등에서 파시즘과 씨름했던 풍부한 경험이 있었다. 이런 경험을 바탕으로 아도르노는 여기에서도 극우주의가 득세하는 원인을 다각도로 분석하는데, 이는 다음과 같이 나누어 살펴볼 수 있다.

첫째, 아도르노는 극우주의를 배태하는 원인 중 하나가 경제적·사회적 구조에 내재해 있다고 지적한다. 자본주의 체제하에서 빈부 격차가 심화되고 대기업이나 글로벌 기업의 독점하에 소상공인이나 농민들의 생존이 위협받는 상황이 계속된다면 극우주의의 불씨는 절대 꺼지지 않으리라는 것이다. 특히 기술 발전이 모든 인간을 잉여로 전락시킬 것이

이경진

명약관화한 상황에서 이에 따른 절망을 해결하지 못한다면 극우주의는 언제나 위험 요소로 남아 있을 것이라는 아도르노의 예리한 전망은 특히나 AI 실용화를 눈앞에 두고 있는 우리의 현 상황에 시사하는 바가 크다.

둘째, 국제정치적 차원에서도 극우주의의 요인을 발견할 수 있다. 아도르노는 당시 냉전 체제하에서 개별 국가들의 주권 및 결정권이 제한받는다는 느낌이 사람들을 극우주의의 선전에 넘어가게 한다고 분석한다. 실제로 최근의 유럽 내 극우 운동이 반EU 운동과 밀접하게 연결되어 있는 만큼 과거의 미·소를 EU로 바꾸기만 하면 아도르노의 분석은 현 정세에 충분히 적용될 수 있다.

셋째, 심리학적 차원에서도 그 원인을 찾아볼 수 있다. 아도르노는 유달리 극우주의에 이끌리는 권위주의적 인격이 존재한다는 것, 또 파시즘 이데올로기가 망상 체계와 구조적 연관성을 갖는다는 사실을 부정하지 않으며, 집단적 파국을 바라는 심리가 정신분석적으로 진지하게 분석되어야 할 필요성도 제기한다.

마지막으로 독일의 특수한 역사적 과오에서 비롯된 문제도 있다. 독일이 나치 과거를 제대로 청산하지 못했기 때문에 극우주의가 계속 기승을 부리는 것은 당연한 귀결로 보인다.

아도르노가 극우주의의 원인을 바라보는 관점은 이렇듯

상당히 복합적이고 균형적이다. 이미 1960년대에 아도르노는 극우주의자들의 횡행을 당시에도 시퍼렇게 살아 있었던 구 나치들의 책동 때문이라고 보지 않았다. 또한 아도르노는 파시즘을 자본가들의 체제 유지를 위한 이데올로기로 바라보는 마르크스주의의 관점에도, 또 파시즘의 성공을 개인의 권위주의적 기질로 환원시키는 심리학적 관점에도 모두 일정 부분 거리를 둔다. 아도르노는 극우주의의 발생이 여러 가지 다양한 원인이 복합적으로 작용한 결과라는 것을 명확히 하고 있으며, 특히 앞서 지적한 구조적 원인이 해소되지 않는다면 극우주의의 불씨는 계속 남아 있을 것임을 분명하게 경고한다. 극우주의는 오히려 서구 민주주의가 아직 온전히 달성되지 못했음을 보여주는 민주주의의 상처라는 것이다.

이런 분석은 이른바 일베나 '애국보수'로 몸살을 앓는 최근 한국의 상황에도 시사하는 바가 많다. 극우주의가 어떤 위기의식에서 발생한다는 것, 또 극우주의자들이 자신을 가해자가 아니라 피해자나 희생자와 동일시한다는 것, 그래서 보통은 사회의 소수자라고 간주되어야 할 여성이나 이민자들에게 오히려 피해를 입고 있다고 생각한다는 것, 그리고 민주주의의 탈을 쓰고 있는 파시즘이 얼마나 위험한지를 경고하는 대목도 생각해볼 만하다. 아마도 아도르노가 극우주의의 특징이나 성향으로 지목하는 것 가운데 상당수가 한국에서는 극우주의적으로 분류되지도 않을 것이다. 난민에 대한

이경진

반대나 자국민 우선주의, 또 여성이나 성소수자 혐오가 극우주의로 이어질 수 있다는 위험은 그다지 자각되는 것 같지 않다.

아도르노의 강연은 예상보다 훨씬 구체적이고 실천적이다. 아도르노가 극우주의의 실체는 결국 프로파간다라고 지적하면서 이런 거짓 선동에 속아 넘어가지 않도록 극우주의의 여러 트릭들을 분석해내는 대목들은 아도르노가 얼마나 극우주의자들의 언어와 수사적 전략에 관심을 기울이는지를 보여줌과 동시에 실용적이기까지 하다. 극우주의자들과 맞서 싸울 때 효과적인 전략들을 제시하는 대목 또한 그렇다. 극우주의자들의 도덕이나 인간성에 호소하기보다는 그들의 이해관계를 분명하게 알려줌으로써 극우적 입장이 그들에게 도움이 안 된다는 것을 주지시켜야 한다는 것, 또한 민주주의적 원칙을 법규 등으로 강제할 때 결국 반민주주의를 지향하는 이런 극우 운동들이 활개 칠 수 없다는 조언은 새겨들을 만하다.

마지막으로 번역에 대해서 한마디 변명을 하고자 한다. 아도르노는 따로 강연문을 작성하지 않고 일곱 쪽가량의 노트와 키워드에 기대어 강연을 했다. 주어캄프 출판사에서 아도르노의 말을 토씨 하나 빠뜨리지 않고 그대로 출판했기 때문에, 이 말들을 충실하게 번역하고 보니 어색한 부분이 많았다. 예컨대 말하는 도중에 생각을 고를 때 쓰는 "음"이나 "뭐

랄까요", 말을 이어가기 위해 쓰는 "자" 같은 표현들, 또는 말을 하다가 중간에 떠오른 생각을 집어넣어 복잡해진 구문들을 그대로 한국어 문장으로 옮겨놓자 다소 난삽한 느낌을 주었다. 강연의 구어적 말투를 살릴 것인가, 아니면 정제해서 보다 매끄럽게 번역할 것인가 고민이 들 수밖에 없었다. 결국에는 만족스러운 해답에 도달하지 못하고 양자 사이에서 그때그때마다 타협점을 찾는 방식으로 번역을 진행했다. 번역을 꼼꼼하게 검토하고 예리한 질문들로 많은 오역의 위험을 막아준 문학과지성사의 김현주 편집자님께 감사드린다.

이경진